D1695605

Jona Ostfeld
Der Seidenlaubenvogel

für

Iona

von

Jona

viel spass!

Neuenhof, 19. 9. 09

Jona Ostfeld

Der Seidenlaubenvogel

Episoden aus dem Leben
von Hermann W.

Illustriert von Fritz Huser

Cosmos Verlag

Die Herausgabe dieses Buches wurde unterstützt
durch einen Beitrag des Aargauer Kuratoriums

© 2008 by Cosmos Verlag, CH-3074 Muri bei Bern
Lektorat: Roland Schärer
Umschlagbild: Fritz Huser
Druck: Schlaefli & Maurer AG, Interlaken
Einband: Schumacher AG, Schmitten
ISBN 978-3-305-00386-0

www.cosmosverlag.ch

Für Jenny

Der Seidenlaubenvogel

Der Seidenlaubenvogel

Hermann W. hatte noch nie mit einer Frau geschlafen.

Er hatte zwar schon oft daran gedacht, und manchmal, wenn er im Bus einmal im Viererabteil sitzen musste (das hasste er, nicht nur, weil es ihm aus irgendeinem unerfindlichen Grund oft etwas schlecht wurde, sondern weil er dann jemanden ansehen musste und nicht wusste, wohin er seinen Blick wenden sollte), wenn er also einmal so sass, sah er hin und wieder, ohne es unbedingt zu wollen, die Beine einer ihm gegenübersitzenden Frau, und er musste dann oft mit Verwunderung feststellen, dass diese ihm gefielen. Und wenn dann sein Blick wie zufällig kurz das Gesicht dieser Frau streifte, befiel ihn eine innere Unruhe, die er aber, sobald er den Bus verlassen hatte, um auf den wartenden Zug zu eilen, zu seiner Erleichterung schnell wieder abschütteln konnte. Heute Abend aber war ihm dies nicht gelungen. Er war spät bei der Bushaltestelle angelangt, war als Letzter in den Bus eingestiegen, und zu seinem Leidwesen war nur ein Sitzplatz im verhassten Viererabteil frei gewesen.

Und hier hatte er zuerst ihre Beine gesehen, und dann, als er zögernd aufblickte, ihren roten Rock und dann ihr Gesicht, und das hatte ihn irritiert, denn normalerweise waren diese Gesichter kalt und teilnahmslos und die Augen oft in die Ferne gerichtet, aus dem Fenster, ins dunkle Nichts... Doch dieses Gesicht hatte ihn freundlich angesehen, so lange, bis er seinen Blick abgewandt hatte, und er dachte noch jetzt daran, als er die Türe zu seinem kleinen Haus aufschloss. Das Gesicht hatte ihm gefallen und die Beine auch.

Etwas später, nachdem er seine Ornithologiebücher hervorgeholt und auf seinem Tisch ausgebreitet hatte (er war seit drei Jahren daran, ein regionales Vogelartenverzeichnis zusammenzustellen), merkte er, dass er nicht wie sonst konzentriert arbeitete, sondern dass seine Gedanken immer wieder abschweiften. Seine Mutter kam ihm in den Sinn, die ihn, wie so oft bei seinen Besuchen im Altersheim, gefragt hatte, ob er nicht bald gedenke, eine Frau kennenzulernen und zu heiraten. Sie schimpfte oft über seine Leidenschaft für Vögel und hatte ihm gerade heute wieder vorausgesagt, er werde noch vereinsamen und schrullig werden. Er hatte sich wie immer darüber aufgeregt, und es wäre fast zu einem heftigen Streit gekommen, aber vielleicht hatte sie ja recht.

Er wusste, dass er nicht anziehend auf Frauen wirkte, und dieses Wissen machte ihn noch unsicherer und zurückhaltender und bekräftigte seine Ahnung, dass er es wohl nie wagen würde, eine ihm unbekannte Frau anzusprechen, geschweige denn, dass diese auf ihn zukommen würde. Ja, er vermutete sogar, dass Frauen ihm Angst machten, und damit musste er leben.

Er stand auf, um seinen Zebrafinken gute Nacht zu wünschen und das Tuch über ihren Käfig zu legen. Als er auf dem Rückweg zum Tisch an seinem Bücherge-

12

stell, das voller Fachbücher war, vorbeikam, nahm er eines mit, setzte sich aber nicht wie vorgesehen an den Tisch, sondern machte es sich in seinem Sessel bequem.

Dann schlug er wie zufällig die Seite auf, auf der von den Laubenvögeln Australiens erzählt wurde, und las: *Die Seidenlaubenvögel sind wegen ihres Balzverhaltens bekannt. Die Männchen leben den grössten Teil des Jahres von den Weibchen getrennt. In der Brutzeit jedoch werben sie um ein Weibchen.*

Die Sache fing an, ihn zu interessieren. Er legte das Buch weg und ging in die Küche, um sich einen Apfel zu holen.

Nachdem er es sich wieder gemütlich gemacht hatte, las er weiter: *Der Seidenlaubenvogel baut zwei Wände aus Stöckchen. Mit seinem Speichel und Beeren mischt der Vogel nun einen blauen Saft, den er mit Hilfe eines Rindenstücks auf die entstandene Laube streicht.*

Das klang ja unglaublich! Der Artikel faszinierte ihn. *Dann sucht der Seidenlaubenvogel leuchtend blaue Beeren, blaue Blütenblätter, bläuliche Muschelschalen, aber auch künstliche Dinge wie bunte Glasscherben, glänzende Metallstückchen und andere Dinge menschlicher Herkunft. Einige Tiere fliegen sogar in Wohnungen und stehlen daraus blaue Gegenstände. All diese Sachen breitet der Seidenlaubenvogel gut sichtbar in seiner blauen Laube aus. Mit diesem Verhalten beabsichtigt der Vogel, ein Weibchen zur Paarung anzulocken. Gefällt diesem die blaue Laube, kauert es sich nieder und bleibt beim Männchen.*

Hermann W. übermannte plötzlich ein unheimliches Glücksgefühl. Er hatte hier etwas gefunden, was ihn aus seiner Einsamkeit bringen würde. Und was ihn in diesem Gedanken besonders bestärkte, war, dass es mit Ornithologie zu tun hatte, seiner Leidenschaft. Vor Freude holte er sich nochmals einen Apfel und setzte sich mit Notizmaterial wieder in seinen Sessel. Er wusste jetzt, was er zu tun hatte.

Am nächsten Morgen rief er in seiner Firma an und liess sich krankmelden. Dann begab er sich zu einem Maler und erteilte ihm den Auftrag, die Fassade seines Hauses blau anzumalen. Der Maler stutzte, als er hörte, Hermann W. wolle alles in einem satten Dunkelblau erstrahlen lassen, und schlug ein milchiges Hellblau vor, aber Hermann blieb hart, und der Mann versprach, so bald als möglich vorbeizukommen.

Etwas später fuhr Hermann in die Stadt und machte sich auf die Suche nach blauen Gegenständen.

Als er am Abend zurückkehrte, war er mit seiner Ausbeute zufrieden. Besonders auf die blauen seidenen Leintücher war er stolz.

Der neue Anzug stand ihm gut. Das stellte Hermann am nächsten Morgen fest, als er kurz in den Spiegel seines Kleiderschranks schaute, bevor er das Haus verliess. Das Blau des feinen Stoffs wirkte sich vorteilhaft auf sein Aussehen aus. Im Bus hatte er keine Probleme damit, dass er im Viererabteil sitzen musste, und erst noch gegen die Fahrtrichtung. Ja, er hatte sogar gehofft, dass dort ein Platz frei sein würde. Er ertappte sich dabei, wie er nach der Frau mit dem roten Rock Ausschau hielt, aber erst auf dem Rückweg erblickte er sie und setzte sich ihr gegenüber. Es schien ihm, als sei sie über sein verändertes Aussehen erstaunt, jedenfalls musterte sie ihn längere Zeit. Er überlegte gerade, ob er sie schon jetzt ansprechen sollte, als ein Telefon klingelte. Es war ihres. Sie griff ruhig in ihre Handtasche und holte ein schwarzes Handy mit roter Abdeckung hervor. Sie sprach einige Worte und sah ihn dabei an. Zweimal musste sie lachen. Er sah wieder auf ihre Beine. Hatte sie einen Freund?

Zuhause merkte er, dass er in gereizter Stimmung war. Er nahm nochmals den Artikel über die Seidenlaubenvögel hervor und las dort weiter, wo er zwei Tage zuvor aufgehört hatte: *Die sekundären, aufs Auge wirkenden Geschlechtsmerkmale sind beim unscheinbaren Männchen verloren gegangen und haben sich auf die kunstvollen Lauben und seinen blauen Schmuck übertragen. Da die Männchen deshalb unscheinbar gefärbt sein können, entgehen sie eher Greifvögeln und anderen Feinden.* So war das also. Gespannt las er den Artikel zu Ende: *Nähert sich ein Weibchen der Laube, weist das Männchen mit seinem Schnabel auf die blauen Kostbarkeiten. Sollte das Weibchen das Werben ablehnen, geht das Männchen erneut auf Suche nach blauen Gegenständen.*

Er hatte sich zu schnell entmutigen lassen. Bald würde sein Haus in schönstem Blau erstrahlen, und auch das neue blaue Geschirr stand auf dem Tisch.

15

Selbst blaue Kerzen hatte er besorgt. Er hatte gute Arbeit geleistet. Eigentlich müsste es klappen. Er würde noch einige Tage warten, bis alles perfekt war, die Frau mit dem roten Rock dann ansprechen und zu sich einladen. Für den nächsten Tag nahm er sich vor, seine neuen blauen Wildlederschuhe anzuziehen. Es würde alles gut werden.

Selten hatte er sich an einem Morgen so sicher gefühlt wie am Tag darauf, als er sich ihr gegenübersetzte. Nein, er würde sie schon heute ansprechen, das wusste er. Sie hatte sich geschminkt und schaute ihn an. Fasziniert sah er auf ihre Lippen, die leuchteten und zur Farbe ihres Kleides passten. Aber das Kleid war nicht rot, sondern blau. Und auch ihre Strümpfe waren blau, brachten ihre schlanken Beine zur Geltung und irritierten ihn. Und als er etwas verwirrt auf ihre Schuhe sah, waren auch diese blau. Er merkte, wie ihn Panik befiel. Ein Handy klingelte. Er sah ihre Hände, die schlanken Finger mit den blau lackierten Fingernägeln, sah, wie sie ihr Handy hervorholte – sein Atem stockte – es hatte eine blaue Abdeckung… Er sprang auf, nahm aus den Augenwinkeln heraus noch kurz ihr erstauntes Gesicht wahr, drängte zur Tür und verliess den Bus, als dieser an der nächsten Haltestelle hielt, fluchtartig…

Wieder zu Hause, eilte er ins Schlafzimmer und riss die blauen, seidenen Leintücher vom Bett, nahm die blauen Kerzen und das blaue Geschirr vom Tisch und warf alles in den Abfalleimer. Was war er doch für ein

Idiot gewesen! Er ging ins Badezimmer, liess sich ein Bad einlaufen, und als er später unter den frischen weissen Laken lag, fühlte er sich schon wieder besser.

Hermann W. nahm sich vor, die fremde Frau im Bus später vielleicht doch mal anzusprechen, aber zuerst musste er unbedingt den Maler erreichen, und mit einem tiefen Seufzer schlief er ein.

Die Alpendohle

Die Alpendohle

Hermann W. hatte seit seiner Schulzeit keinen Klassiker mehr gelesen.

Und auch fünfzehn Jahre nach dieser unseligen Zeit
hatte er, so dachte er wenigstens, nicht das Gefühl,
dass er es je wieder tun würde. Dass er dann doch eines
Tages einen Klassiker lesen musste, hatte er sich selbst
zuzuschreiben.

Er war nach der Arbeit noch schnell in seine Buchhandlung geeilt, um einige von ihm bestellte Bücher
abzuholen. Als er den Laden durch den kleinen Ne-
beneingang betrat, bemerkten ihn die beiden Buch-
händlerinnen vorne am Ladentisch nicht. Da hörte er,
wie die ältere Buchhändlerin zur jüngeren sagte:
«Hier liegen noch die zwei Vogelbücher für den Ornithologiemenschen. War der noch nicht da?» Damit
war wohl er gemeint, und deshalb drehte sich Hermann langsam zur Seite und tat so, als interessierten
ihn die Bücher im Regal an der Wand. Die junge
Buchhändlerin, die ihm recht gut gefiel, weil sie so
engelhaft blondes Haar hatte, antwortete: «Das ist ein
komischer Typ, kauft nur Bücher über Vögel. Der hat
wohl noch nie ein anständiges Buch gelesen.» Hermanns Atem stockte. Er wusste zwar nicht, was sie mit
«anständigem Buch» gemeint hatte, aber ein Kompli-
ment schien es nicht zu sein. Und weil er sie nicht in
Verlegenheit bringen wollte, denn das hätte er, wenn

21

er sie jetzt ansprechen würde, verliess er möglichst unauffällig das Geschäft und nahm draussen erleichtert die kalte Winterluft wahr.

Was sollte er tun? Natürlich hätte er das Ganze vergessen und nach Hause gehen können, aber eigentlich hatte er sich darauf eingestellt, ja sogar darauf gefreut, die bestellten Bücher abzuholen, um sie am Abend in aller Ruhe anzusehen. Andererseits, würde er jetzt hineingehen und seine Bücher mitnehmen wollen, würde er das Bild des «Ornithologiemenschen» bestärken, und dazu hatte er keine Lust.

Was hatte die blonde Buchhändlerin bloss mit einem «anständigen Buch» gemeint? Er hatte nichts Unanständiges bestellt, seine Fachbücher hatten doch nichts Anrüchiges an sich, oder? Da fiel ihm seine Mutter ein, die früher oft, wenn sie in sein Zimmer gekommen war und ihn auf dem Bett liegend ein Comic-Heftchen hatte lesen sehen, gesagt hatte: «Lies doch mal was Anständiges, nicht immer diesen Schund!» Wahrscheinlich hatte sie damit irgendwelche Klassiker gemeint, denn ab und zu hatte sie ihm etwas aus der Hausbibliothek aufs Bett gelegt, etwas von Theodor Storm oder Thomas Mann, aber er hatte diese Bücher nie gelesen.

Während er noch darüber nachdachte, warum das eigentlich so gewesen war, erblickte er plötzlich vor dem Schaufenster neben sich ein Tischchen mit antiquarischen Büchern. Unschlüssig sah er sie durch und beschloss dann spontan, eines davon auszuwählen, es in den Laden mitzunehmen und so die Situation zu entschärfen. Er entschied sich für ein dünnes violettes Büchlein von Friedrich Dürrenmatt: «Der Tunnel» stand drauf. Wenn er sich nicht täuschte, hatten sie mal im Gymnasium Dürrenmatt gelesen, ein Krimi war es gewesen, jedenfalls war er sich ziemlich sicher, dass das Büchlein ein «Klassiker» sein musste.

Den *Dürrenmatt* in der Hand, betrat er das Geschäft wieder. Jetzt stand nur die kleine, blonde Verkäuferin hinter dem Ladentisch und blickte zu ihm hin. Mit Genugtuung glaubte er festzustellen, dass sie neugierig das Büchlein musterte, welches er ihr hinstreckte. «Ah, ein Klassiker», sagte sie nun tatsächlich, nachdem sie das Büchlein genommen und den Titel gelesen hatte, und er merkte, dass er etwas rot wurde. «Ja», antwortete er und war froh, dass sie gleich auf die bestellten Bücher zu sprechen kam: «Leider sind erst zwei Ihrer drei Bücher gekommen. Das dritte wird aber morgen da sein.» Hermann ärgerte sich, denn genau das Buch, auf das er sich am meisten gefreut hatte, «Die Alpendohle», war nicht dabei. So musste er halt am nächsten Tag noch mal vorbeikommen.

«Soll ich es Ihnen als Geschenk einpacken?», fragte nun die Buchhändlerin und hielt das violette Büchlein in die Höhe. Typisch, natürlich nahm sie an, dass es nicht für ihn war, und deshalb antwortete er trotzig: «Nein, das ist für mich. Man kann ja nicht immer nur Fachbücher lesen.» Und da ihn jetzt die hübsche

Blonde mit den Engelshaaren interessiert musterte, sagte er noch etwas, was er kurze Zeit später, als er aus dem Laden trat, schon bereute: «Ich erzähle Ihnen dann morgen, wie es mir gefallen hat.»

Mit einer Tragtasche, die durch die beiden grossen Bücher recht schwer geworden war, machte er sich auf den Nachhauseweg und dachte während der ganzen Strecke nur an den *Dürrenmatt*, ja, es schien ihm plötzlich sogar, als ob das ganze Gewicht der Tasche nur von diesem kleinen Bändchen erzeugt werde.

Zu Hause merkte er, dass er missgelaunt war. Gerne hätte er es sich jetzt mit einem Apfel und den neuen Fachbüchern auf seinem Sessel bequem gemacht, aber das violette Büchlein, das jetzt auf den beiden grossen Büchern lag, machte ihm Sorgen. Sicherlich, er hätte am nächsten Tag in die Buchhandlung gehen können in der Hoffnung, dass ihn die ältere Buchhändlerin bedienen würde. Oder er hätte hoffen können, dass die junge (er merkte, dass er gerne an sie dachte) ihn nicht mehr auf das Büchlein ansprechen würde oder, wenn doch, dass er einfach so tun könnte, als hätte er es gelesen; doch der Gedanke gefiel ihm nicht besonders. Was, wenn sie ihm irgendeine verfängliche Frage stellen würde? Es würde nicht nur für ihn peinlich werden, andere Kunden würden zuhören, er würde rot werden... nein, das Büchlein musste gelesen werden, und zwar jetzt und sofort. Er nahm es in die Hand und sah es an. «Der Tunnel», der Titel tönte eigentlich noch ganz gut. Als er es durchblätterte, stellte er beruhigt fest, dass es nur 42 Seiten hatte und der Text erst bei Seite 7 anfing. Also waren es 35 Seiten, die zu lesen waren – das sollte zu schaffen sein.

Er ging nun doch in die Küche, um sich einen Apfel zu holen, deckte auf dem Rückweg seine Zebrafinken zu, setzte sich in seinen Sessel und begann zu lesen: *Ein Vierundzwanzigjähriger, fett, damit das Schreckliche hinter den Kulissen, welches er sah, nicht allzu nah an ihn herankomme...*

Als er erwachte, war die Nacht bereits hereingebrochen. Er sah starr vor sich hin. Warum sass er hier im Sessel, und was war das für ein grässlicher Traum gewesen, den er gehabt hatte? Er hatte in einem Zug gesessen, und dieser war in einen Tunnel gefahren, und mit der Zeit hatte er gemerkt, dass der kein Ende nahm. Der Zug war immer schneller und schneller in die Tiefe gerast, und dann war er und alles mit ihm ins unendliche Nichts gestürzt, er hatte Federn an seinen Armen entdeckt, hatte versucht zu fliegen, aber die Federn hatten sich gelöst... weit unten hatte er eine brodelnde, heisse Masse erblickt, er war drauflosgestürzt, um ihn herum waren abscheuliche schwarze Alpendohlen aufgetaucht, hatten ihn im Fallen angegriffen... grässlich! Gott sei Dank war er dann erwacht.

Er sah sich um und versuchte sich zu orientieren. Vor ihm am Boden lag ein violettes Büchlein. Er hob es auf. «Der Tunnel»... jetzt erinnerte er sich wieder. Wahrscheinlich war er beim Lesen eingeschlafen, das

Buch war ihm aus der Hand geglitten und auf den Boden gefallen. Und sein Traum? Er blätterte zur hintersten Seite und las den letzten Satz der Erzählung: *Gott liess uns fallen und so stürzen wir denn auf ihn zu.* Er hatte den Klassiker also gelesen, hatte sogar davon geträumt, furchtbar geträumt, aber immerhin war damit der Weg in die Buchhandlung frei. Erleichtert stand er auf, räumte noch etwas auf und ging zu Bett.

Vor dem Einschlafen jedoch kamen ihm Zweifel. Was, wenn ihn die hübsche Buchhändlerin fragen würde, wie ihm das Buch gefallen habe? Die Wahrheit war, dass er es grässlich gefunden hatte, dass er den Inhalt möglichst schnell vergessen wollte, aber sollte er ihr das sagen? Erwartete sie nicht, dass man Klassiker liebte, dass er den *Dürrenmatt* in höchsten Tönen loben würde? Er konnte nicht lügen. Das wusste er. Er hatte noch nie lügen können, und er würde es nie lernen, ja, er wollte es gar nicht lernen. Aber was dann?

Als er nach kurzem Schlaf am nächsten Morgen erwachte, war er froh, nicht mehr vom «Tunnel» geträumt zu haben.

Am Abend betrat er dann die Buchhandlung, um das bestellte Buch abzuholen. Die Buchhändlerin mit den blonden Haaren sah ihn vom Ladentisch her an. Er ging zu ihr hin und sagte: «Haben Sie noch ein anderes Buch von Dürrenmatt?» Die kleine hübsche Buchhändlerin mit den Engelshaaren, die ihm so gut gefiel, strahlte.

Als Hermann W. kurze Zeit später die Tür zu seinem Haus aufschloss, hatte er fünf Bücher von Dürrenmatt in seiner Tragtasche. «Die Alpendohle» mitzunehmen hatte er vergessen, und das ärgerte ihn etwas.

Der Rote Flamingo

Der Rote Flamingo

Hermann W. hatte sich geschworen, nie mehr ein Wort Französisch zu reden.

Er war, wie jedes Jahr, anlässlich des Geburtstages seiner Mutter ins Altersheim gefahren, und zusammen hatten sie gefeiert, wenn man dem überhaupt feiern sagen konnte, denn dies bestand vor allem darin, in der Cafeteria des Heims ein mässig gutes Mittagessen einzunehmen. Immerhin mussten sie nicht im grossen Speisesaal sitzen, denn dort wurde Hermann immer von den alten Leuten mehr oder weniger kritisch, wenn nicht gar als Eindringling taxiert, was ihm unangenehm war.

In der Cafeteria waren sie alleine gewesen, hatten ein recht passables Gespräch geführt und sich an vergangene Tage erinnert, bis seine Mutter wieder einmal auf ihr Lieblingsthema zu sprechen kam – er hatte es befürchtet. «Liest du immer noch deine Vogelbücher?», hatte sie gefragt, obwohl sie natürlich wusste, dass er dies tat. «Ja, Mutter», hatte Hermann W. geantwortet, und dies ganz ruhig, sie hatte ja schliesslich Geburtstag. Normalerweise hätte jetzt nämlich eine ihrer häufigen Streitereien begonnen, aber er hatte beschlossen, nicht aufzubrausen, wie er dies in letzter Zeit so oft tat, wenn sie dieses Thema anschnitt.

«Könntest du nicht wenigstens an einem Abend in der Woche ausgehen, statt immer hinter deinen Büchern zu sitzen?», fragte sie jetzt, und er antwortete: «Wohin soll ich denn gehen, Mutter, ich kenne ja niemanden.» «Eben, darum wäre es gut, wenn du mal was unternehmen würdest, einen kleinen Tanzkurs zum...» «Mutter, bitte! Fang nicht wieder damit an.» Aber jetzt begann sie zu weinen und sagte: «Du willst einfach, dass ich unglücklich bin. Du gibst dir überhaupt keine Mühe. Nicht mal an meinem Geburtstag!» «Mutter, du weisst ganz genau, dass ich nichts mehr verabscheue als Tanzen!» Er hatte auch dies ruhig, aber bestimmt gesagt. «Dann besuch doch mal einen Sprachkurs oder so», schluchzte sie jetzt, und da er es hasste, wenn sie weinte, und dazu noch an ihrem Geburtstag, liess er sich erweichen und sagte: «Gut, dann gehe ich halt in einen Französischkurs!», und hatte damit den Tag gerettet. Jedenfalls sah seine Mutter, als sie später wieder in ihrem Zimmer auf dem Bett lag und er ihr von der Tür aus auf Wiedersehen winkte, recht zufrieden aus. Während er die Tür schloss, hörte er sie noch leise sagen: «Au revoir, mon petit.»

Als er zwei Wochen später in das Klassenzimmer der örtlichen Klubschule trat, wo seine erste Französischlektion stattfinden sollte, sassen dort nur Frauen. Hermann W. hatte nichts gegen Frauen, aber er blamierte sich nicht gerne, und schon gar nicht vor Frauen. Und dass man sich beim Erlernen einer Sprache, vor allem der französischen Sprache, blamieren konnte, das wusste er aus eigener Erfahrung.

Vorne am Pult erblickte er eine schwarzhaarige Dame, die anscheinend die Lehrerin war, denn sie sagte: «Voilà notre nouvel élève. Un homme.» Eine der Kursteilnehmerinnen applaudierte, was ihn fast dazu veranlasst hätte, den Raum fluchtartig zu verlassen. Aber dann dachte er an seine Mutter und daran, dass es ja wirklich nicht schaden könnte, wenn er etwas Französisch verstünde, denn er hatte sich insgeheim vorgenommen, in den kommenden Ferien in die Camargue zu reisen, um dort Rote Flamingos zu fotografieren. Und in der Camargue spricht man französisch. Wider Erwarten verlief die erste Stunde gut, man nahm Rücksicht auf ihn, niemand lachte, wenn er Fehler machte, und Mme Blanc, so hiess die Französischlehrerin, war ihm sympathisch.

Zu Hause nahm er noch schnell das Buch über die Roten Flamingos der Camargue hervor und sah sich die phantastischen Fotos dieser wunderschönen Vögel an, und als er später das Tuch über den Zebrafinken-Käfig legte, sagte er: «Bonne nuit, mes amis.»

Die ganze Woche über freute er sich auf die nächste Französischstunde, machte seine Hausaufgaben besonders gut und wurde etwas rot, als er sie beim Eintreten ins Klassenzimmer Mme Blanc übergab. Sie lächelte ihn an.

Er machte Fortschritte. Es war gar nicht so schwierig, besonders, weil er sich wieder an das Französisch aus seiner Gymnasialzeit erinnerte, was ihn doch sehr erstaunte, hatte er doch geglaubt, dass alles, was mit dieser Zeit in Verbindung gebracht werden konnte, verdrängt und vergessen war. Mme Blanc jedenfalls war mit ihm zufrieden, und nach der dritten Stunde gingen alle noch auf einen Schlummertrunk in eine nahe gelegene Bar. Er genoss jede Minute im Kreise seines Kurses und dachte: «Jetzt müsste mich Mutter sehen.» Als sie das Lokal wieder verliessen, durften sie «Monique» zu Mme Blanc sagen, und das machte ihn glücklich.

Er werde Monique vielleicht zu einem «Tête-à-tête» einladen, mal alleine etwas mit ihr trinken gehen, erzählte er seiner Mutter am darauffolgenden Sonntag im Altersheim, als sie ihn über den Kurs ausfragte, und sie sagte: «Na, was hab ich gesagt.»

Aber dann kam jener Abend, den er am liebsten aus seinem Gedächtnis gestrichen hätte und an dem das Schreckliche passierte.

Die Französischstunde war gut verlaufen. Monique hatte ihn mehrmals gelobt, und er hatte sich fest vorgenommen, sie nach der Stunde anzusprechen, um sie in die Bar einzuladen, und zwar auf Französisch, das traute er sich jetzt zu. Er hatte sie während der Stunde öfter beobachtet, besonders dann, wenn sie Erklärungen an die Wandtafel schrieb. Sie trug einen engen, schwarzen Rock und einen Kaschmirpullover, und er musste sagen, sie gefiel ihm immer besser. So stand er am Ende der Stunde an ihrem Pult und wartete, während Monique ihre Unterrichtsunterlagen einpackte, auf den richtigen Moment, um seine französisch gesprochene Einladung vorzubringen.

Als sie sich den Heftstapel, worin sich auch sein Hausaufgabenheft befand, unter den Arm klemmen wollte, rutschte ihr dieser aus der Hand und fiel zu Boden. Sie bückte sich und fing an, die Hefte zusammenzusuchen. «Kann ich dir helfen?», wollte er gerade sagen, da sah er einen kleinen Streifen ihres nackten Rückens, denn ihr Pullover war beim Bücken etwas heraufgerutscht, und stattdessen sagte er, während er sich neben sie auf die Knie liess, sodass er sie ungewollt berührte: «Je peux t'aimer?» Nun wäre es normalerweise wohl nicht so schlimm, wenn man ein Verb verwechselt und wie hier statt «aider» «aimer» sagt, aber in dieser Situation und für Hermann W. war es die totale Katastrophe: Monique, neben ihm auf den Knien, sah ihn zuerst erstaunt und ungläubig an und prustete dann los, schlimmer aber war noch, dass eine Kursteilnehmerin hinter ihnen das Ganze mitbekommen hatte und es nun brühwarm herumerzählte. «‹Je peux t'aimer?›, hat er gesagt, ‹je peux t'aimer?›» Und eine andere rief: «Ohlala… mais Ermann!», und alle lachten.

Hermann W. aber bekam diese allgemeine Erheiterung in den falschen Hals. Ohne sich noch einmal umzudrehen, verliess er das Schulzimmer, schwor sich, nie mehr auch nur ein Wort Französisch zu sprechen, und fuhr in den nächsten Ferien nach Texel, einer holländischen Insel in der Nordsee, wo er viele schöne und interessante Vögel beobachten konnte und keine Sekunde lang nur einen Roten Flamingo vermisste.

Das Wintergoldhähnchen

Das Wintergoldhähnchen

Hermann W. hatte für Kinder nichts übrig.

Zwar hatte er nichts gegen sie, aber er fand sie über-
flüssig. Sie waren laut, manchmal sogar frech, und was
ihn am meisten störte, war ihre Unbekümmertheit,
ihre Lebenslust und ihre Offenheit allem Neuen
gegenüber. Wenn er ehrlich war, hatte er sogar etwas
Angst vor ihnen und ging ihnen möglichst aus dem
Weg. Dies beruhte jedoch auf Gegenseitigkeit, denn
auch die Kinder der Umgebung mieden ihn, und wenn
er durch sein Quartier lief, hörte er sie manchmal hinter seinem Rücken tuscheln und lachen.

Deshalb war er doch einigermassen erstaunt, als es
eines Samstags an seiner Haustüre klingelte und er,
nachdem er geöffnet hatte, zwei Kinder davorstehen
sah, einen Jungen und ein kleineres Mädchen. Dieses
hielt einen Schuhkarton in den Händen, den es ihm
wortlos überreichte. Er nahm den Deckel weg und erblickte einen sehr kleinen, goldschimmernden Vogel,
der noch leicht zuckte – ein Wintergoldhähnchen, wie
er schnell feststellte. «Wir haben ihn vor unserem
Haus gefunden. Er ist wahrscheinlich in eine Scheibe
geflogen. Bitte helfen Sie ihm», sagte das Mädchen,
während der Knabe Hermann forschend ansah. Hermann W. fühlte sich in diesem Moment unsicher, aber
auch geschmeichelt, denn er hatte nicht gedacht, dass
irgendwer in der Nachbarschaft von seiner Leiden-

schaft für Vögel wusste – und schon gar nicht Kinder. «Ich werde schauen, was sich machen lässt», antwortete er. «Dürfen wir ihn morgen besuchen?», fragte das Mädchen noch, und der Junge sagte: «Wir bringen ihm dann einen Wurm mit.» Hermann stimmte zu, obwohl er sofort gewusst hatte, dass der Vogel im Sterben lag. Und tatsächlich, kaum hatte er die Haustüre geschlossen, war der Vogel tot. Er nahm ihn in die Küche, rollte ihn in Alufolie ein und warf ihn in den Kehrichtkübel.

Hermann W. hatte für Kinder nichts übrig, aber was er noch weniger ertrug, waren enttäuschte oder traurige Kinder. In diesem Alter hatte man glücklich und unbeschwert zu sein, und obwohl oder gerade weil Hermann das als Kind nicht gewesen war – er hatte als sogenanntes ernstes Kind gegolten – , sah er dem Moment mit Schrecken entgegen, in dem er den beiden den Tod des Vogels würde mitteilen müssen. Das Mädchen würde anfangen zu weinen und ihn mit grossen, vorwurfsvollen Augen ansehen, denn es hatte ihm den Vogel anvertraut, und er würde als Versager dastehen. Er durfte das Mädchen und den Knaben also auf keinen Fall enttäuschen, was angesichts des toten Wintergoldhähnchens im Kehrichtkübel seiner Küche nicht einfach sein würde. Natürlich könnte er sagen, der Vogel sei sehr schnell genesen, weshalb er ihn sofort freigelassen habe, aber das wäre eine billige Lüge gewesen, und die Kinder hätten ihm sicher nicht geglaubt. Da fiel ihm plötzlich eine kleine Episode aus

40

seiner frühen Schulzeit ein, eine der wenigen, an die er sich noch erinnern konnte. Sein Lehrer war damals in einer ähnlichen Situation gewesen. Er hatte vor Ostern im Schulzimmer einen Brutapparat aufgestellt, und jeder der Klasse hatte ein befruchtetes Hühnerei daruntergelegt und dann täglich sorgfältig gewendet. Hermann hatte es furchtbar spannend gefunden, denn sein Interesse für Vögel hatte schon damals bestanden. Nach 21 Tagen hätten die Küken ausschlüpfen sollen, aber auch am 23. Tag war nichts passiert, was sie alle sehr enttäuschte. Doch als sie am 24. Tag in die Schule kamen, waren die Küken da, und die ganze Klasse war sehr aufgeregt und glücklich gewesen, nur Hermann nicht. Er hatte gemerkt, dass die Küken nicht aus den Eiern stammen konnten, die sie 23 Tage lang gewendet hatten. Er wusste, dass nach 24 Tagen nichts mehr schlüpft, und der Lehrer, so schien es ihm wenigstens, wusste, dass ihn Hermann durchschaut hatte. Aber dieser verriet ihn nicht, denn wahrscheinlich hatte der Lehrer die Klasse nicht enttäuschen wollen, irgendetwas musste schief gegangen sein, und er hatte sich irgendwo Ersatzküken besorgt. Hermann akzeptierte damals diese Notlüge, und eine solche wollte er jetzt auch anwenden.

Er hatte nämlich beschlossen, ein Wintergoldhähnchen zu fangen und es am nächsten Tag, zusammen mit den Kindern, freizulassen. Aber als er darüber nachdachte, wurde es ihm klar, dass dies fast unmöglich war. Er wusste, dass diese Vögel in seiner Gegend sehr rar waren und, selbst wenn er einen erspähte, es unmöglich sein dürfte, ihn zu fangen. Da fiel sein Blick auf den Zebrafinkenkäfig. Der Gedanke, den er jetzt hatte, liess ihm das Blut in den Kopf steigen, und vor Aufregung wurde ihm ganz heiss: Wie wäre es, wenn er den Kindern statt des toten Wintergoldhähnchens einen seiner Zebrafinken zeigen würde? Das sollte doch legitim sein. Er würde sozusagen ein Double einsetzen müssen, und über diesen Ausdruck musste er schmunzeln. Gut, ein Zebrafink sah nicht ganz so aus wie ein Wintergoldhähnchen, vor allem das Federkleid war anders, aber dem war abzuhelfen.

Als er ein Kind gewesen war, so erinnerte er sich jetzt nämlich, hatte in seinem Dorf ein komischer Kauz gelebt, den alle den «Spatzenmaler» genannt hatten, weil er Spatzen fing und sie als Kanarienvögel auf dem Markt zu verkaufen versuchte, nachdem er sie mit gelber Farbe angemalt hatte. Das wollte Hermann jetzt auch tun, und tatsächlich, mit etwas Geschick, Farbe und Geduld hatte er am nächsten Morgen einen Zebrafinken so verwandelt, dass er einem Wintergoldhähnchen glich. Dann hatte er das leicht verängstigte Tier in einen Reservekäfig getan. Darin wollte er ihn den Kindern zeigen, und da der Vogel nervös im Käfig herumflattern würde, würden sie seinen kleinen Schwindel erst recht nicht bemerken.

Später würde er das Tier wieder zu den anderen Zebrafinken zurücktun. Hermann W. fand, dass er das Problem auf fast geniale Art gelöst hatte.

Am frühen Sonntagnachmittag wollte er eigentlich seine Mutter im Altersheim besuchen, aber er beschloss, weil er doch etwas nervös geworden war, erst dann zu gehen, wenn die Sache mit dem Vogel erledigt war, und so setzte er sich in seinen Sessel und las in einem seiner Fachbücher.

Die Kinder klingelten erst spät an seiner Türe, als es schon eindunkelte. Das kleine Mädchen sah ihn gespannt an und der Junge hatte eine kleine Schachtel in der Hand: «Würmer für den Vogel», wie er erklärte. Hermann war froh, dass er jetzt nicht die Wahrheit sagen musste, und holte den kleinen Käfig, wo das «Double» unruhig hin und her flatterte. «Ist er wieder ganz gesund?», fragte das Mädchen, und ihre Augen leuchteten. «Ja», sagte Hermann und fügte noch hinzu: «Bald kann man ihn freilassen.»

Da geschah etwas Unerwartetes. Das Mädchen jauchzte auf, ging zu Hermann, umschlang ihn mit seinen kleinen Armen, schaute ihn mit seinen grossen, dunklen Augen an und bettelte: «Bitte jetzt freilassen, bitte, bitte!» Hermann war ob ihrer Reaktion so aus der Fassung gebracht, dass ihm nichts mehr einfiel, was er diesem so innig ausgesprochenen Wunsch entgegensetzen konnte, schon gar keine erneute Notlüge, und da er sich so schnell wie möglich aus der ihm unangenehmen Umarmung des Kindes lösen wollte, blieb ihm nichts anderes übrig, als den Käfig zu öffnen. Der kleine Vogel zögerte kurz, hüpfte dann zum Türchen und flog von dort aus in den rötlich schimmernden Abendhimmel. «Komm uns bald mal besuchen», rief das Mädchen überglücklich und winkte dem Vogel nach, bis dieser verschwunden war. Der Junge aber sah Hermann still und ernst an, und als dieser später im Bus Richtung Altersheim sass, war er sich sicher, dass der Kleine doch etwas von seinem Betrug gemerkt hatte.

Als Hermann wieder zu Hause war und die Zebrafinken zudeckte, ärgerte er sich über seine vorschnelle Reaktion, den Käfig aufgemacht zu haben, denn er vermisste den geopferten Vogel, und dass ihn die Kinder der Umgebung von jetzt an häufiger grüssten und den «Vogeldoktor» nannten, blieb für ihn nur ein schwacher Trost.

Der Kernbeisser

Der Kernbeisser

Hermann W. hasste Fitnesscenter.

Hass war ein Wort, welches Hermann selten benutzte,
geschweige denn auf irgendeinen Menschen oder eine
Sache beziehen würde, so dachte er wenigstens. Er war
der Ansicht, dass es nichts auf der Welt gab, das er so
sehr verabscheute, dass man es Hass nennen durfte.
Nach einem Besuch in einem Fitnesscenter war er sich
dann aber doch nicht mehr ganz sicher, ob man das
Gefühl, welches er jetzt für diesen Ort empfand, nicht
als Hass bezeichnen würde.

Wann er auf die Idee gekommen war, sich für ein
Probetraining im Fitnesscenter anzumelden, wusste er
nicht mehr. Aber das ständige Gerede im Büro über
diese Orte, wo man sich über Mittag oder abends noch
traf, um seinen Körper fit zu halten und sich nachher
noch gemeinsam einen Drink zu genehmigen, hatte
ihn neugierig gemacht. Nicht dass er eitel war. Im Gegenteil, er legte keinen grossen Wert auf sein Äusseres,
was seine Mutter hin und wieder dazu bewog, spitze
Bemerkungen zu machen und ihm zum Geburtstag
seit Jahren Kleider zu schenken, meistens teure Hem-
den, damit er «wenigstens ein bisschen etwas dar-
stelle». Aber er hatte doch bemerkt, dass er langsam
ein Bäuchlein ansetzte, und dem wollte er entgegen-
wirken. Auch stellte er sich vor, dass er vielleicht so
den langweiligen Mittagspausen entfliehen könnte.

47

Und insgeheim hoffte er, vielleicht nebenbei doch die eine oder andere Bekanntschaft zu machen, sozusagen das Nützliche mit dem Angenehmen zu verbinden.

Die erste Probelektion, über Mittag, war gut verlaufen, und Anita, die braun gebrannte, dunkelhaarige Fitnessinstruktorin, an der nicht nur Brust und Oberschenkel stramm waren, sondern wirklich alles, wie er mit Erstaunen feststellte, hatte ihn freundlich empfangen, ihm einen Fitnessplan zusammengestellt und ihn an den einzelnen Geräten instruiert. Sie machte auch keine Bemerkungen zu seinem alten, grauen Trainingsanzug, der noch aus seiner Gymnasialzeit stammte und den er seit Jahren an Sonntagen anzog, wenn er einen gemütlichen «Zuhausetag» plante. Der Anzug hatte schon einige Beulen an den Ellenbogen und Knien, und Hermann hatte eigentlich fürs erste Training einen neuen kaufen wollen, diesen Vorsatz aber wieder vergessen. Jedenfalls nahm weder Anita noch irgendjemand anderer im Fitnesscenter davon Notiz, und der Älteste war er trotz seiner Befürchtungen auch nicht. Im Gegenteil, es waren vor allem ältere Personen anwesend, was ihn erstaunte, hatte er es doch anders erwartet, ja erhofft. Ein Herr, der besonders heftig trainierte, war sogar schon über 80, wie Anita erwähnte, und sie fügte trocken bei, man werde ihn wohl mal waagrecht aus dem Fitnesscenter tragen müssen, so wie der es übertreibe.

Hermann kam nach dem Training recht zufrieden mit sich selbst nach Hause, und vor seinem Schrankspiegel im Schlafzimmer machte er fast übermütig einige Bodybuilderposen, was er nachträglich als ziemlich lächerlich empfand, besonders weil er doch wirklich nichts vorzuweisen hatte, in dieser Beziehung jedenfalls. Und irgendwie hatte er das Gefühl gehabt, dass seine Zebrafinken mitleidig zu ihm herübergesehen hatten.

Als er einige Tage später ins Training ging, diesmal am Abend, denn über Mittag war er oft zu müde gewesen, traf er ein ganz anderes Publikum an. Überall erblickte er jüngere Gesichter, meist muskulöse Männer, die riesige Hanteln herumschleppten. Um die Hüften trugen sie breite Stützgürtel, und an den Trainingshandschuhen waren die vorderen Fingerteile weggeschnitten. Aber auch viele jüngere Frauen sah er jetzt in eng anliegenden, farbigen Trainingskleidern, die fröhlich drauflosschwatzten, während sie ihre Kilometer auf den Fitnessfahrrädern abspulten. Es schien Hermann manchmal, als würden sie zu ihm herübersehen und sich über ihn lustig machen. Er hätte sich halt doch einen neuen Trainingsanzug kaufen sollen.

Hermann W. begann sich unwohl zu fühlen. Plötzlich hörte er rechts von sich lautes Stöhnen, und als er zögernd hinüberblickte, sah er einen riesigen Kerl, der mit hochrotem Kopf an Stahlseilen zog, an denen schwere Gewichte befestigt waren. Seine grossen Augen quollen schon fast aus seinem noch grösseren Kopf, der immer röter und röter wurde. Aber das

Schlimmste war, dass er Hermann dauernd fixierte, als wollte er sagen: «Wart nur, du Schwächling, gleich bist du dran!» Das war natürlich reine Einbildung, und Hermann schämte sich deswegen ein wenig, aber er wechselte trotzdem schnell das Gerät. Er war froh, diesem Kerl, der ihn seltsamerweise wegen seiner kräftigen und gedrungenen Art an einen Vogel, den «Kernbeisser», erinnerte, entflohen zu sein. Kurze Zeit später kamen zwei junge Damen in seine Nähe, und daher gab sich Hermann besondere Mühe, seine Übungen korrekt zu machen, so wie es ihm Anita gezeigt hatte. Da hörte er, wie diejenige mit der hellblauen Baseballmütze, die er noch ganz hübsch fand, lachend zu ihrer blonden Kollegin sagte: «Sag mal, trainieren hier auch Kinder, da hat ja jemand das Gewicht auf 20 kg gestellt!» Und ihre Kollegin lachte auch und sah dabei zu Hermann hinüber. Dieser war gerade an einem Gerät, welches die Bauchmuskeln trainieren sollte und bei dem Anita ihn noch gewarnt hatte, das sei nicht ganz einfach und er solle mit wenig Gewicht anfangen. Hermann schämte sich etwas, denn er hatte nur 15 kg eingestellt, und das würden die beiden bald bemerken und ihn vielleicht auslachen. Er unterbrach seine Übung, erhöhte das Gewicht rasch auf das Vierfache, setzte sich wieder in Position und zog an den oberen Griffen, die sich jetzt zu seinem Erstaunen und Schrecken kaum bewegen liessen. Es schien ihm, als beobachteten ihn die Blonde und die Schwarzhaarige. Mit aller Kraft spannte er jetzt seine

Bauchmuskeln und zog wieder an den gekrümmten Hebeln oberhalb seines Kopfes. Also doch… die Hebel senkten sich, und sein Kopf näherte sich seinen Knien… Da durchzuckte ihn ein furchtbarer Schmerz, und er liess die Hebel los. Während die Gewichte mit einem lauten metallenen Geräusch in ihre Ursprungsposition knallten, merkte Hermann, wie er vornüber zu Boden fiel und dort liegen blieb. Aus den Augenwinkeln sah er, wie die beiden jungen Frauen auf ihn zukamen. Er wollte wieder aufstehen, aber er konnte nicht. «Hexenschuss», dachte Hermann. Und jetzt trat ausgerechnet auch noch der «Kernbeisser» mit dem grossen, roten Kopf zu ihm hin und blickte mitleidig grinsend auf ihn herab. Ebenso war auch Anita zur Stelle. «Wir bringen ihn in die Garderobe», sagte sie sofort und sah kopfschüttelnd auf das Trainingsgerät. «Hermann, wieso trainierst du denn mit 60 kg?» Dazu konnte und wollte Hermann nichts sagen, und er liess sich widerwillig vom Muskelprotz wie ein Kind aufheben und, gleich einem Sack Kartoffeln über die Schultern geworfen, in die Garderobe tragen.

Als er von dort nach mehr als einer Stunde leicht gebückt vor Schmerzen wieder heraustrat, blickten alle von ihren Trainingsgeräten auf und unterbrachen ihre Gespräche. «Auf Wiedersehen», sagte Hermann leise, obwohl er am liebsten «Auf Nimmerwiedersehen» gesagt hätte.

Fitnesscenter waren nichts für ihn, das wusste er jetzt, ja er befürchtete sogar, dass er diese zutiefst hasste.

Zuhause legte er sich schmerzgeplagt mit einem Vogellexikon ins Bett, schlug den Abschnitt über Kernbeisser auf und las: *Der Kernbeisser wirkt sehr kräftig und gedrungen. Was ihn eindeutig kennzeichnet, sind sein grosser, zimtbrauner Kopf mit dem mächtigen Schnabel, das breite, graue Nackenband und der kurze Schwanz mit den weissen Spitzen.*

Hermann W. musste darob leise lachen, bis ihn ein erneuter Schmerz im Rücken eines Besseren belehrte.

Die Eule

Die Eule

Hermann W. fiel es oft schwer, sich zu entscheiden.

Er hatte eines Abends beim Lesen eines etwas klein
gedruckten Textes unter einem Bild in einem Vogellexikon gemerkt, dass ihm dies Mühe machte, denn er
konnte die Buchstaben nicht mehr genau erkennen,
und das hiess wohl, dass er eine Lesebrille brauchte.
Dieser Gedanke machte ihm Kopfschmerzen, und
zwar nicht die Tatsache, dass er jetzt eine Brille tragen
musste – er war, wie gesagt, nicht eitel – , sondern der
Gedanke an etliche Unannehmlichkeiten, die damit
auf ihn zukommen würden. Genau kannte er sie nicht,
aber eines war sicher: Er würde vor Entscheidungen
gestellt werden, und Entscheidungen waren nun mal
nicht seine Stärke.
   Für viele Menschen, so schätzte er, war der Kauf
einer Brille nichts Schlimmes, ja es gab sicherlich welche, die das sogar spannend fanden. Das konnte Hermann W. von sich nicht behaupten. Jede Entscheidung in seinem Leben, und war sie noch so klein, fiel
ihm schwer. Das begann im Selbstbedienungsladen,
wenn er vor den vielen verschiedenen Joghurts stand
und nicht wusste, welche Sorte er nun in seinen Ein-
kaufskorb legen sollte – meistens nahm er dann halt
einige Naturjoghurts mit. Noch schlimmer war die
Entscheidung, welcher Pullover zu kaufen sei – dies
hatte er noch bis vor kurzem seiner Mutter überlassen,

aber jetzt war sie ja leider nicht mehr so mobil, um mit ihm einkaufen zu gehen.

Und besonders schlimm fand er den Schuhkauf, wenn ihn die Verkäuferin, nachdem sie schon oft in den Keller gestiegen war, um für ihn den zweiten Schuh zur Probe zu holen, ganz ungeduldig ansah und mit bestimmter Stimme ein gewisses Modell besonders anpries, nur damit er sich endlich entscheiden würde, was er dann auch meistens tat, obwohl ihm das Modell gar nicht gefiel.

Und so war es verständlich, dass sich Hermann W. beim Brillenkauf vor allem vor der Auswahl des Gestells fürchtete. Er würde mit irgendeiner Verkäuferin vor einer Wand stehen, die mit Brillengestellen vollbehängt sein würde, und er würde sich aus Hunderten von Modellen für eines entscheiden müssen.

Die Verkäuferin würde ihm dauernd in die Augen sehen wollen, und auch damit würde er Mühe haben, denn er war nun mal nicht der Typ, der es gewohnt war, dass ihm Frauen in die Augen schauten.

Ebenso müsste er sich immer wieder in einem Spiegel betrachten, und auch das schreckte ihn ab, sobald er nur an den Brillenkauf dachte. Er hasste es nämlich, sich selbst im Spiegel zu sehen, und wenn er dies ab und zu tat, stand ein Fremder vor ihm, so kam es ihm dann wenigstens jeweils vor.

Trotz all dieser Bedenken betrat Hermann W. doch eines Samstags recht früh ein Brillengeschäft und erkannte sofort, dass seine Befürchtungen von der Rea-

56

lität bei weitem übertroffen wurden. Sobald er einge-
treten war, sahen ihn nicht nur von einer, sondern von
allen vier Wänden Brillengestelle in allen Formen und
Farben an, und als er erschrocken wegschaute, erblickte er sich plötzlich selbst mehrfach, denn es hatte im
Raum etliche Säulen, an denen grosse Spiegel ange-
bracht waren.

Schlimmer aber war noch, dass ihn, als er zum Ladentisch lief, gleich drei Verkäuferinnen freundlich
anlächelten, obwohl er sie anscheinend gerade bei
einem angeregten Morgengespräch gestört hatte.
Welche sollte er ansprechen? Hermann hätte am liebsten rechtsumkehrt gemacht. Endlich sagte eine der
Damen: «Wünschen Sie etwas?», und Hermann antwortete: «Ich hätte gerne eine Brille.» Diese Antwort
fiel ihm relativ leicht und überraschte niemanden.
Alles Weitere verlief so, wie er es sich ausgemalt hatte.
Zuerst wurde er von der Verkäuferin in ein kleines
Zimmer geführt, wo ein junger Optiker auf ihn wartete und sofort mit einem Sehtest begann. Dabei musste sich Hermann sehr oft entscheiden: Ob der Kreis in
der grünen Fläche schärfer sei als derjenige in der
roten, ob das Kreuz waagrecht stehe und vieles mehr.
Erstaunlicherweise gab er recht klare und, wie es ihm
schien, selbstsichere Antworten, aber der Optiker war
auch vertrauenserweckend und geduldig.

Danach holte ihn die Verkäuferin wieder ab, und
ein passendes Brillengestell musste gefunden werden.
Er erblickte sich dabei so oft im Spiegel wie schon

lange nicht mehr, und die Verkäuferin sah ihm immer wieder in die Augen und er ihr. All das machte ihm gar nicht so viel Mühe, wie er sich vorgestellt hatte, ausser dass ihn ausgerechnet das Brillengestell der Verkäuferin nervte, weil es ihr hübsches Gesicht, wie er meinte, völlig verzerrte und überhaupt nicht zu ihr passte. Aber das konnte er ihr natürlich nicht sagen.

Er konnte sich dann doch nicht für ein Modell entscheiden und die, wie ihm schien, entnervte Verkäuferin gab ihm fünf Brillen, die in Frage kamen, für einige Tage zur Auswahl mit nach Hause, damit er sich das Ganze in Ruhe und «im familiären Kreise» überlegen könne.

Als er später sein Wohnzimmer betrat, packte er die Gestelle aus und stellte sich mit jedem Modell vor den Spiegel, aber er konnte sich auch jetzt für keines entscheiden, und da auch die Zebrafinken bei keiner der Brillen reagiert hatten – er hatte sich ihnen mit jedem Modell kurz zugewandt und sie spasseshalber um Rat gefragt –, beschloss er, die Brillen am nächsten Tag bei seinem sonntäglichen Altersheimbesuch seiner Mutter vorzuführen.

Diese Idee stellte sich aber schon bald als keine gute heraus, er hätte es wissen müssen. Seine Mutter fand alle Brillengestelle schrecklich und zu jedem Modell hatte sie eine andere Begründung. Mit der einen Brille würde er wie eine Eule aussehen, die andere sehe zu billig aus, die dritte wirke tuntenhaft, und als sie beim vierten Modell sagte, mit der würde er erst recht keine

Frau finden, platzte Hermann der Kragen, und er zeigte das fünfte Modell schon gar nicht mehr, sondern packte wütend alle Brillen wieder ein. «Du bist immer so destruktiv, Mutter!», sagte er, aber sie antwortete: «Ich bin nur ehrlich, Hermann. Aber bitte, wenn du unbedingt wie eine Eule aussehen willst, nur zu…!» Schade, dass er es damals mit Monique, seiner Französischlehrerin, verdorben hatte, sie hätte ihn besser beraten, da war er sich plötzlich sicher.

Auf der Heimfahrt im Bus hatte er dann ein sonderbares Erlebnis: Die Brillen in seiner Tasche liessen ihm keine Ruhe, und da er bemerkt hatte, dass sein Gesicht sich im Fenster des Busses spiegelte, nahm er eines der Modelle hervor, setzte es auf und betrachtete sich im Fenster.

Als er seinen Kopf wieder von der Scheibe abwandte, fiel ihm eine Frau auf, die etwas weiter vorne im Bus, aber gegen die Fahrtrichtung sass und ihn deshalb ansehen konnte. Es schien ihm, als schüttle sie fast unmerklich den Kopf. Nachdem er das erste Modell abgenommen und sich mit dem zweiten Modell im Fenster betrachtet hatte, sah er absichtlich zu der Frau hin, und tatsächlich, sie schüttelte wieder stumm und fast teilnahmslos den Kopf.

Hermann W. war sich nicht sicher, ob er sich das alles nur einbildete, und so nahm er noch ein drittes Modell hervor, setzte es auf und blickte damit direkt zu der Frau. Diese betrachtete ihn einen Moment und bewegte dann den Kopf so, als wolle sie sagen: «Es geht so.» Dann stand sie auf und ging zur Tür, um bei der nächsten Station auszusteigen. Er setzte hastig das vierte Modell auf und sah zur Bustür hinüber. Die Frau blickte noch mal zurück, nickte kurz zustimmend, lächelte und verliess den Bus.

Hermann hatte sich endlich für ein Modell entschieden, wenn auch mit Hilfe einer ihm unbekannten Frau, das musste er mit Erstaunen feststellen.

Das Haushuhn

Hermann W. war kein guter Gesprächspartner.

Er kam eigentlich selten in die Situation, dass er sich mit einem Gegenüber unterhalten musste. Natürlich ging er ab und zu mit seinen Kollegen vom Ornithologieverein nach ihren wöchentlichen Treffs etwas trinken, aber da wurde fast immer nur weitergefachsimpelt, und weil Hermann ein grosses fachliches Wissen hatte, konnte er manchmal etwas zum Gespräch beitragen oder wurde sogar um Rat gefragt.

Dann war da das Mittagessen im Geschäft, wo er meistens nicht mit den Bürokolleginnen und Bürokollegen mitging, sondern sich stattdessen mit einem Sandwich begnügte, welches er an seinem Schreibtisch verzehrte, dazu las er in den neuesten ornithologischen Zeitschriften, von denen er einige abonniert hatte. Ab und zu gesellte er sich aber doch zu denen, die regelmässig im Restaurant assen – jedoch nicht, weil er dazu Lust hatte, sondern um nicht völlig als Einzelgänger zu gelten. Er wurde, was ihn etwas erstaunte, immer gerne mitgenommen, obwohl er oft nur dasass und sich kaum an den Gesprächen beteiligte. Das wurde ihm aber nie angelastet, ja, er hatte manchmal den Verdacht, dass es gar niemand bemerkte, denn das Mitteilungsbedürfnis seiner Kolleginnen und Kollegen war gross. So hörte er bei diesen Gelegenheiten grösstenteils nur zu und staunte, wie viele

Menschen doch ohne Unterbruch reden konnten und das gleichzeitig mit anderen, die alle ebenso viel zu erzählen hatten. Manchmal schloss er dann kurz die Augen und hatte das Gefühl, an einem See zu sein und den Schnatterenten zuzuhören. Peter zum Beispiel, Vater von vier Kindern, erzählte ununterbrochen von seinen Söhnen und Töchtern, was sie anstellten, wie ihm ihre Lehrerinnen und Lehrer auf den Wecker gingen, weil sie sehr viele Hausaufgaben verteilten, bei denen er ständig helfen müsse, und dass seine Frau auch nicht jünger werde und immer etwas an ihm auszusetzen habe.

Hermann machte sich zeitweise einen Spass daraus, während einer Pause in einem solchen Redeschwall zu versuchen, innerlich bis drei zu zählen, was ihm aber meistens nicht gelang.

Oder Beat, der Jüngste in ihrem Büro, der referierte nur von seinen Computern, und zwar andauernd und ohne Unterbruch, und Hermann vermutete, dass es Beat sogar ärgerte, wenn er zwischendurch mal einen Bissen runterschlucken musste, denn dann konnte er nicht von seinen Geräten erzählen. Ab und zu jedoch hätte Hermann beim Essen gerne etwas mehr Ruhe gehabt, und dann nervten ihn die beiden.

Aber mit nur einer Person essen zu gehen, das war er sich nicht gewohnt, und er hatte es bisher auch kaum getan, wenn man von den Mittagessen absah, die er gemeinsam mit seiner Mutter im Altersheim einnahm und während denen in der Regel seine Mutter

Fragen stellte, die er meistens ohnehin nicht beantworten konnte:

«Kannst du dich noch an die Mutter dieser Mitschülerin in der 5. Klasse erinnern, deren Vater Posthalter war?»

«Nein, warum fragst du?»

«Weil wir jetzt eine neue Heimbewohnerin haben, die genau so aussieht.»

«Weisst du, wie der Mann der Mutter von Königin Victoria von England hiess?»

«Natürlich nicht, weshalb willst du das wissen?»

«Will ich ja gar nicht, aber mein Kreuzworträtsel will es wissen!»

«Sehr witzig, Mutter!»

Und so weiter.

Eines Tages merkte er im Büro, dass er sein Sandwich zuhause vergessen hatte, und da er Hunger bekam, blieb ihm nichts anderes übrig, als doch im Restaurant zu essen.

Nun waren aber die anderen alle schon gegangen, und so fuhr er alleine mit dem Lift zum Hauptausgang hinunter. Zufällig stieg die neue Sekretärin aus der Spedition im zweiten Stock ein. Sie war schon einige Male mit ihnen essen gegangen, und Hermann war dabei aufgefallen, dass sie sich ebenfalls kaum an den Gesprächen beteiligte, sondern meistens schweigend dasass. Er fand sie eigentlich recht hübsch. Sie nickte ihm zu, und er nickte zurück. «Gehen Sie auch essen?», fragte sie, und Hermann bejahte.

Als sie im Restaurant ankamen, stellten sie enttäuscht fest, dass es am Tisch, wo die anderen sassen, überhaupt keinen Platz mehr gab, und so mussten sie sich etwas abseits an einen Zweiertisch setzen. Sie sahen sich die Tagesmenüs an. Claudia, so hiess die Sekretärin, bestellte das vegetarische, Hermann ein halbes Hühnchen mit Beilage. Dann schwiegen sie. Claudia sah zu den anderen hinüber, und Hermann wusste, was sie dachte.

«Wie gefällt Ihnen die neue Stelle?», sagte Hermann jetzt und versuchte so, ein Gespräch anzufangen. «Eigentlich ganz gut», antwortete Claudia und zeigte ihre hübschen Zähne. Dann schwiegen sie wieder. Hermann zupfte an der Serviette herum. «Haben Sie auch so Hunger?», fragte er. «Es geht so», antwortete Claudia. Er hoffte, dass sie auch mal was von sich aus sagen würde, aber da kam nichts. Dafür kam endlich das Essen. Sie wünschten sich einen guten Appetit und begannen zu essen.

Hermann fühlte sich nicht wohl in seiner Haut und dachte: «Wahrscheinlich erwartet sie, dass ich das Gespräch führe.» Er sah sehnsüchtig zum Tisch hinüber, wo die anderen sassen, und konnte erkennen, dass Peter wieder ununterbrochen redete, aber er hätte ihm jetzt gerne zugehört. «Dürfte ich bitte mal das Salz haben?», fragte Claudia, und Hermann reichte es ihr. Sie hatte schlanke und sehr gepflegte Hände. «Wussten Sie, dass alle Vögel Röhrenknochen haben?», sagte Hermann, während er einen sauber abgenagten

Hühnerknochen vor Claudia hin und her schwenkte. «Nein», antwortete diese und blickte wieder zu den anderen hinüber. «Doch, und zwar wird so das spezifische Gewicht des Knochens verkleinert, und der Vogel fliegt besser.» Er hatte die leise Hoffnung, dass sie sich für Vögel interessieren würde, und dann hätte er genügend Gesprächsstoff für mehrere Mittagessen zu zweit gehabt, da war er sich sicher. «Sind denn Hühner auch Vögel?», fragte jetzt Claudia, und Hermann wurde etwas schwindlig.

Hermann W. beschäftigte sich schon seit Jahren mit Ornithologie und wurde im örtlichen Vogelverein als Kapazität auf diesem Gebiet angesehen, der man die schwierigsten Fragen stellen konnte; er wusste immer eine Antwort. Aber bei der Beantwortung dieser von einer Sekretärin namens Claudia gestellten Frage hatte er die grössten Schwierigkeiten. Plötzlich fielen ihm Beat und sein Computergeschwätz ein, und er hätte einiges dafür gegeben, wenn dieser jetzt an ihrem Tisch sitzen würde und er nichts mehr sagen müsste.

«Ich dachte, nur Tiere, die fliegen können, seien Vögel, und Hühner können doch nicht fliegen?», ergänzte jetzt Claudia ihre Frage. Hermann hätte nie gedacht, dass ihm ein Gespräch, welches mit seiner grossen Leidenschaft zu tun hatte, je Mühe bereiten könnte, und schon gar nicht, dass er in diesem Fall das Thema wechseln würde, aber das tat er nun, und zwar anders, als er beabsichtigt hatte. Ausgerechnet jetzt blieb ihm nämlich ein winziges Stückchen eines Hühnerknochens im Hals stecken, und er fing an zu husten, hustete, stand auf, schwankte, hustete immer intensiver – von den anderen Tischen sah man neugierig zu ihm hinüber, und sogar Peter hatte aufgehört zu reden. Hermann nahm die Serviette vor den Mund und wankte Richtung Toilette, immer hustend. Claudia folgte ihm, fragte besorgt, ob sie ihm helfen könne, aber er schüttelte den Kopf, hustete und verschwand in der Herrentoilette, wo er sich übers Waschbecken beugte und so lange weiterhustete, bis er sich endlich des kleinen Hühnerknochenteilchens entledigt hatte. Dann trank er etwas Wasser und atmete tief durch. Hätte er nur sein Sandwich nicht vergessen!

Als er wieder zu seinem Tisch zurückkam, hatte ihm Claudia eine Nachricht auf die Papierserviette geschrieben: «Hoffentlich geht's wieder besser. Bin mit den anderen ins Geschäft zurückgegangen. Gruss, Claudia.»

Einige Wochen später sass Hermann wieder mal mit seinen Bürokollegen im Restaurant. Claudia hatte auch an ihrem Tisch Platz genommen. Während Beat über seinen neuen Computer referierte, konnte Hermann sie in aller Ruhe beobachten und dachte bei sich: «Hübsch ist sie ja, aber von Hühnern hat sie keine Ahnung.»

Und als er fertig gegessen hatte und Beat mal gerade zufällig nichts sagte, wischte er sich den Mund mit seiner Serviette ab, faltete sie sorgfältig zusammen, lehnte sich zufrieden zurück und fragte Peter, der neben ihm sass, genüsslich: «So, Peter, wie geht's eigentlich deinen Kindern in der Schule?»

Die Nachtigall

Hermann W. nahm sich vor, sich mehr vorzunehmen.

Es hatte ihn schon oft gestört, dass ihn jedes Elend, dem er begegnete, beschäftigte. Ebenso hatte er Mühe, wenn sich zwei stritten, und am liebsten hätte er jeden Streit geschlichtet. Dass das nicht realistisch war, wusste er, und er hatte sich vorgenommen, nicht immer mit allen, mit denen es das Leben nicht so gut meinte, Mitleid zu haben und nicht jedem Bettler Geld zu geben, sondern sich auch mal abzuwenden und unberührt zu bleiben.

Deswegen gab er einem Strassenmusikanten bewusst nichts, als er eines Abends durch die Unterführung Richtung Bushaltestelle eilte, die sich auf der anderen Seite der Gleise befand. Er hatte seiner Mutter versprochen, noch schnell vorbeizukommen, um ihr ein neues Rätselheft zu bringen, denn sie hatte keine Kreuzworträtsel mehr, und ohne die waren ihre Tage nicht ausgefüllt, wie sie immer betonte.

So lief er also an dem älteren Mann vorbei, der auf einer kleinen, abgegriffenen Handorgel eine schöne, ihm unbekannte Melodie spielte und ihm freundlich zunickte. Der Gesang der Nachtigall kam ihm in den Sinn, aber er dachte: «Man kann nicht jedem dahergelaufenen Vogel etwas geben!», und musste über diesen Vergleich fast lachen.

Er pfiff, als er die Unterführung verlassen hatte, zufrieden vor sich hin, denn er hatte sich nicht erweichen lassen. Seine Bestrebungen, sich gegenüber dem Elend abzuhärten, trugen bereits Früchte, und beschwingt setzte er seinen Weg fort. «Man muss nur einen Vorsatz fassen, diesen konsequent durchziehen, dann stellt sich der Erfolg auch ein», dachte er und überlegte sich bereits, was er sich sonst noch vornehmen könnte. Da blieb er plötzlich erschrocken stehen, denn er hatte sich dabei ertappt, dass er genau die Melodie vor sich hinpfiff, die der Musikant gespielt hatte. Hermann W. hatte einen ausgeprägten Sinn für Gerechtigkeit, und hier sagte ihm dieser Sinn, dass das nicht fair war – man durfte zwar einen Strassenmusikanten ignorieren, übersehen, umgehen, aber wenn man dessen Melodie aufnahm, vor sich hinpfiff und sie einen sogar beschwingte, dann hatte man den Mann gar nicht ignoriert, im Gegenteil, man hatte die Melodie fast unbewusst verinnerlicht und so etwas von ihm erhalten – und das war mindestens eine kleine Gabe wert.

Dort, wo er jetzt stand, konnte er ganz leise die Melodie aus der Unterführung heraufklingen hören. Sie tönte wirklich wie das klagende Lied einer einsamen Nachtigall. Da wurde ihm klar, dass er dem Mann doch etwas geben musste, es würde ihn sonst noch den ganzen restlichen Abend und vielleicht noch in der Nacht beschäftigen, und dazu hatte er keine Lust. Andererseits würde der Musiker ihn vielleicht wiedererkennen und sich fragen, warum er nicht schon beim ersten Vorbeigehen etwas gegeben hatte… Aber dieses Risiko war Hermann bereit einzugehen.

Er bückte sich, öffnete seinen rechten Schuhbändel und zog ihn dann fester an. Beim Aufstehen drehte er sich um und ging Richtung Unterführung, blieb aber noch einmal stehen und nahm aus seinem Portemonnaie ein Zweifrankenstück, welches er in seiner Hand behielt, bis er den Musikanten erreicht hatte. Dieser aber hatte gerade aufgehört zu spielen und war im Begriff, eine Flasche Wasser aus seinem Rucksack hervorzuholen, da kreuzten sich ihre Blicke…

Als Hermann aus dem anderen Ende der Unterführung trat, war er wütend. Wütend auf den Musikanten, der ausgerechnet jetzt aufgehört hatte zu spielen und es ihm verunmöglicht hatte, seine Münze aufs Tuch zu werfen, denn ohne Musik hatte er dazu keinen Grund, er hätte den Musiker zum Bettler degradiert, wütend auf sich selbst, weil er umgekehrt und nicht hart geblieben war, ja, er war sogar wütend auf seine Mutter, weil er sich verpflichtet fühlte, sie mitten in der Woche aufzusuchen, nur weil sie kein Kreuzworträtsel mehr hatte. Und er war auch wütend, weil er jetzt ein Problem hatte: ein weiteres und drittes Mal die Unterführung zu benutzen, schien ihm unmöglich, absolut unmöglich. Der Mann würde Verdacht schöpfen, würde sich fragen, weshalb er dreimal hintereinander an ihm vorbeigegangen sei – und das sogar, ohne ihm etwas Geld zu geben. Er konnte also

71

nicht mehr durch die Unterführung gehen. Anders aber war der Bus zum Altersheim nicht zu erreichen. Den Gedanken, nach Hause zu gehen und die Angelegenheit am nächsten Tag zu regeln, liess er schnell fallen, das hätte ihm nachts noch mehr zu schaffen gemacht.

Er befand sich nun auf dem Bahnhofplatz, wo ein leichter Nieselregen eingesetzt hatte, sodass sich die Scheinwerfer der Autos im Asphalt spiegelten. Hermann W. fühlte sich in diesem Moment sehr einsam. Er war doch ganz guter Laune gewesen und jetzt... Da sah er ein Taxi auf den Platz einbiegen, und er beschloss, ausnahmsweise damit zur Mutter zu fahren.

Die Fahrt dauerte länger, als er sich das vorgestellt hatte, denn der Feierabendverkehr hatte zugenommen, und als das Taxi endlich vor dem Altersheim hielt und er bezahlen wollte, merkte er, dass sich das Zweifrankenstück noch immer in seiner Hand befand. Er gab die feuchtwarme Münze dem Fahrer als Trinkgeld.

Das grosse Gebäude lag still da, und Hermann kam es plötzlich vor, als ob dort niemand mehr wohnte. Oben im fünften Stock betrat er das kleine Zimmer seiner Mutter und sah, dass sie schlief. Er wollte sie nicht wecken, schrieb deshalb einige Grussworte auf den Notizblock, der auf dem Tisch lag, legte das Kreuzworträtselheft dazu und verliess das Heim.

Im Bus war er fast der einzige Fahrgast. Während er aus dem Fenster in die trostlose Gegend blickte, an der sie vorbeifuhren, überlegte er sich, warum er eigentlich so wütend geworden war. Diese Reaktion war doch ein wenig übereilt gewesen, er hatte sich doch mit dem Taxi recht gut aus der Patsche geholfen, und seine Mutter würde sich freuen, wenn sie das Kreuzworträtselheft erblickte. Als er den Bahnhof erreichte und durch die Unterführung eilte, die jetzt menschenleer war, merkte er, dass es ihm wieder besser ging, und er pfiff ganz laut die «Nachtigall-Melodie», wie er sie jetzt nannte, vor sich hin, und fast hätte er sie noch laut gesungen, aber das liess er dann doch lieber sein.

Morgen würde er noch mal zu seiner Mutter fahren, und sollte der Strassenmusikant wieder da sein, würde er ihm etwas geben, aber nur das eine Mal noch, das nahm er sich vor.

Die Nonnengänse

Hermann W. hielt nicht viel vom Beten.

Vieles, ja fast alles, was Hermann in der Schule gelernt hatte, hatte er vergessen. Das betraf vor allem die Fächer Physik, Mathematik und Chemie. Aber auch aus dem Religionsunterricht, den er anfänglich noch geliebt hatte, hatte er wenig auf seinen Lebensweg mitgenommen. An eine Aussage Martin Luthers, die sie in ihr Religionsheft hatten schreiben müssen, konnte er sich aber seltsamerweise noch gut erinnern. Sie lautete: «Bete, als ob alles Arbeiten nichts nützte, und arbeite, als ob alles Beten nichts nützte.» Er hatte schon damals, als er diesen Spruch zum ersten Mal gehört hatte, den zweiten Teil als Leitsatz für sein eigenes Leben gewählt, und dabei war er geblieben. Vom Beten hielt er nicht viel, ja, er betete eigentlich nie und sagte nur manchmal im Geschäft, wenn wieder ein aufdringlicher Vertreter angerufen hatte: «Herrgott, halt mir bitte diesen Menschen vom Leib», was man aber, so wusste er, wohl nicht als Gebet im Sinne Martin Luthers bezeichnen konnte.

Er hielt es also lieber mit der Arbeit und wollte sich alles, was er einmal im Leben erreichen würde, selber erworben haben. Hermann W. liess sich nicht gerne helfen, auch nicht von einem Herrgott, dessen Existenz er im Grunde genommen zwar nicht anzweifelte, den er aber auch nicht wegen banaler menschlicher

Probleme um Hilfe hätte bitten wollen, ja, er glaubte sogar, dass Gott dafür zu schade sei und sicher Wichtigeres zu tun hatte, als sich um ihn zu kümmern.

Nur einmal hatte er Gott um Hilfe angerufen, und Gott hatte ihn damals erhört.

Er hatte sich endlich einen kleinen Traum erfüllt und war an die Ostsee gereist, wo er einige Zeit mit ornithologischen Studien verbracht hatte. Die Tage waren im Nu vorbeigewesen, alles war planmässig verlaufen, nichts Unvorhergesehenes war geschehen, seine Bedenken, ins Ausland zu reisen, hatten sich als nichtig erwiesen, und er hatte sich vorgenommen, wieder einmal eine solche Reise zu machen, denn sie war ein voller Erfolg gewesen: Er hatte nicht nur viele Seevögel, sondern sogar zum ersten Mal eine Kolonie Nonnengänse studieren können, und das war für ihn ein Erlebnis gewesen.

Zufrieden war er in den Zug gestiegen, der ihn wieder nach Hause bringen sollte, und er freute sich auf ein Wiedersehen mit seinen Zebrafinken. Er fuhr nicht gerne in die Ferien, und wenn, dann nur, um fremde Vögel beobachten zu können, aber umso lieber kam er wieder nach Hause. Dieses Mal nahm er den Nachtzug.

Das Sechser-Abteil im Liegewagen hatte ihm anfänglich Bedenken gemacht, seine Mutter hatte ihn davor gewarnt: «Pass auf, wenn da noch fünf fremde Leute drin sind, kriegst du Platzangst!» Aber zum Glück waren nur noch zwei andere Männer im Abteil.

Es war auf der obersten Liege, die er reserviert hatte, zwar eng und heiss, sodass er befürchtete, nicht einschlafen zu können, aber dann machte ihn das monotone Rattern der Räder doch müde, und er sank in einen unruhigen Schlaf. Gegen Morgen erwachte er und stieg, weil er zur Toilette musste, die kleine, steile Leiter hinunter. Es war noch dunkel, und als er im Gang draussen stand, konnte er die Nummer seines Abteils knapp erkennen – es war die Zwei. Etwas später war er froh, wieder in seinem Abteil zu sein, und er kletterte leise, um niemanden zu wecken, die kleine Leiter hinauf, um sich wieder hinzulegen. Aber da blieb vor Schreck sein Herz fast stehen – auf seinem Liegeplatz lag eine Frau und sah ihn mit grossen, erschrockenen Augen an.

Hermann W. verstand die Welt nicht mehr und wollte die Frau gerade fragen, was sie hier zu suchen habe, da erkannte er im fahlen Schein der bläulichen Nachtlampe die anderen Liegen, und jede war besetzt. Die Frau starrte ihn immer noch ungläubig an, und Hermann befürchtete, dass sie jetzt anfangen würde zu schreien. Plötzlich hatte er begriffen; nicht sie war im falschen Abteil, sondern er. Da rief die Frau schon: «Egon, da ist ein fremder Mann im Abteil!» Egon musste der Kerl sein, der auf der mittleren Liege lag und dessen dicke Oberarme gut zu sehen waren. «Was ist los?», hörte Hermann jetzt Egon brummen, als dieser sein Laken zurückschlug und Hermann im Halbdunkel das Weiss seiner riesigen Unterhose erblickte.

Wie versteinert stand er immer noch auf der Leiter und wusste nicht, was tun. Hier war nun der Moment gekommen, wo er, während Egon sich ihm keuchend zuwandte, ein Stossgebet zum Himmel sandte: «Herrgott, hilf mir aus dieser entsetzlichen Situation.» Da wurde die Tür des Abteils aufgerissen, und das erschreckte Hermann noch mal so, dass er fast von der Leiter gefallen wäre. Das Licht ging an, und ein uniformierter Beamter rief: «Zollkontrolle!» Hermann aber nutzte diesen Moment der Verwirrung, stieg die Leiter hinunter, brummte, als er sich am verdutzten Egon und dem Zöllner vorbeidrängte, etwas wie «Falsches Coupé», eilte durch den Gang und suchte fieberhaft Abteil Nummer zwei. Aber zu seinem Schrecken musste er feststellen, dass alle Türen ein Schildchen mit der Zahl Zwei trugen – er hatte die Angabe der zweiten Klasse als Abteilnummer angesehen und sich darum verirrt. Plötzlich bekam er Panik, dass er seine Liege gar nicht mehr finden würde, da sah er im Gang einen Mann stehen, der ihm bekannt vorkam. «Der muss vor meinem Abteil stehen», dachte er und ging an ihm vorbei in dieses hinein. Er hatte recht gehabt, das oberste Bett war frei, und Hermann fiel ein Stein vom Herzen.

Als etwas später der Zöllner ins Abteil trat, hatte sich Hermann wieder gefangen und blinzelte unter seiner Wolldecke zu diesem hinunter, als ob nichts geschehen sei und er gerade erwacht wäre. Dann lag er wieder im Dunkeln und lauschte auf das regelmässige

Rattern der Räder, während der Zug in den anbrechenden Morgen fuhr. «Das ist ja noch mal gut gegangen», dachte er bei sich – und das mit Stolz, denn er hatte ja eigentlich recht kaltblütig reagiert, so fand er wenigstens. Aber seiner Mutter würde er nichts davon erzählen, sie würde sich nur bestätigt fühlen, und diesen Triumph mochte er ihr nicht gönnen. Ob er die nächsten Ferien wieder so weit wegfahren würde, war er sich nach diesem Zwischenfall doch nicht mehr sicher. «Gut, Nonnengänse gibt's bei uns keine, aber viele andere interessante Vögel», sagte er sich und schlief mit diesem beruhigenden Gedanken bald wieder ein.

Hermann W. hatte vergessen, Gott zu danken, aber das ist sich dieser ja gewohnt.

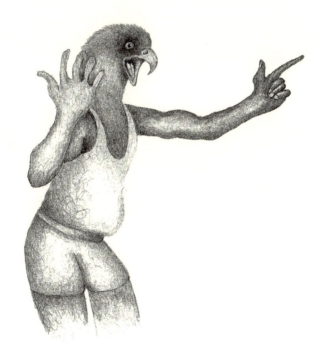

Der Schreiadler

Der Schreiadler

Hermann W. war alles Nackte peinlich.

Wer liebt schon den Anblick eines gerupften Vogels?
Auch Hermann W. nicht. Wenn er so ein Tier «nackt»
in einer Metzgerei oder Küche daliegen sah, hatte er
oft Mitleid und dachte, dass es doch gut war, dass der
Vogel sich nicht mehr selbst in einem solch jämmerli-
chen Zustand sehen musste. Aber auch mit anderen
Nacktheiten hatte Hermann Mühe. So wäre der Besuch einer öffentlichen Sauna für ihn undenkbar
gewesen, ja, er hatte sogar Mühe, sich in Badeanstal-
ten zu zeigen, und war schon lange nicht mehr in einer
gewesen. Aber nach einem heissen Sommertag hatte
er irgendwie Lust verspürt, sich im nahe gelegenen
Schwimmbad noch etwas abzukühlen. Zu Hause hatte
er sogar seine alte Badehose gefunden, dieselbe, die er
schon als Jugendlicher getragen hatte und auf der
noch ein Schwimmabzeichen aufgenäht war.

   An der Kasse hatte er kurz anstehen müssen und so
Zeit gehabt, die anderen Badegäste zu beobachten.
Die meisten waren jünger als er, sehr viel jünger sogar,
und Hermann fragte sich, ob man, um eintreten zu
dürfen, eine Spange tragen müsse. Er spielte deswegen
schon mit dem Gedanken, wieder umzukehren, aber
eine innere Stimme sagte ihm, dass das doch eine
etwas kindische Überlegung sei, und nachdem er den
Eintritt bezahlt hatte, begab er sich an der Liegewiese

vorbei zu den Umkleidekabinen, betrat eine und schloss die Türe. Von überall her waren Rufe und Gelächter zu vernehmen, und Hermann zog sich seine Badehose an. Er dachte an die vielen braunen Körper, die er auf der Liegewiese gesehen hatte. Seine Beine waren ziemlich weiss, wie er feststellen musste, und überhaupt, so halb nackt hatte er sich noch nie wohl gefühlt. Seine Mutter hatte früher immer wieder seine «Hühnerbrust» erwähnt und dabei gelacht. Als Hermann die Türe seiner Umkleidekabine endlich zögerlich öffnete, um auf die Liegewiese zu treten, sah er Claudia und Peter aus seiner Firma, die es sich ausgerechnet vor seiner Kabine bequem gemacht hatten und sich anregend unterhielten. Sie hatten ihn Gott sei Dank nicht bemerkt, und schnell schloss Hermann die Türe wieder und setzte sich ratlos auf die Holzbank. Er blickte auf seine Beine, die ihm noch weisser als vorhin vorkamen, und hörte Claudia laut lachen.

Worüber sie wohl redeten? Sicherlich hechelten sie jetzt die ganze Belegschaft durch! Wieso legte sich eigentlich der Familienvater Peter mit Claudia halb nackt auf ein zitronengelbes Badetuch, und wieso war diese plötzlich so redselig? Er konnte die Kabine jetzt unmöglich wieder verlassen. Er dachte an seine Zebrafinken und dass er jetzt liebend gern zu Hause mit einem Buch und einem Apfel in seinem Sessel sitzen würde. Wie war er nur auf die idiotische Idee gekommen, ins Schwimmbad zu gehen? Wieso musste er sich auch immer wieder in Schwierigkeiten bringen?

Schwimmbäder hatten ihm noch nie Glück gebracht...
Wie hatte er das nur vergessen können? Er erinnerte
sich plötzlich wieder an eine Szene aus seiner Schulzeit, als er oben auf dem Fünfmeterbrett gestanden
hatte, und unten war der *Schreiadler* gewesen, so hatte
er damals seinen Turnlehrer genannt, weil dieser eine
furchtbar laute Stimme und einen stechenden Blick
hatte. Hermanns Klassenkameraden waren alle schon
vom Brett gesprungen und bereits in den Umkleidekabinen, aber Hermann stand noch alleine oben und
traute sich nicht hinunterzuspringen. Der *Schreiadler*
machte jetzt seinem Namen Ehre und schrie dauernd,
er solle kein Schlappschwanz sein und endlich sprin-
gen, er würde ihm sonst eine ungenügende Turnnote
geben und die anderen seien ja schliesslich auch alle
gesprungen. Aber Hermann W. machte dies keinen
grossen Eindruck, und er bewegte sich nicht von der
Stelle. Es war noch früh am Morgen, das Schwimmbad hatte erst vor kurzem geöffnet, und das Wasser
war kalt. Der *Schreiadler* schrie jetzt noch lauter, er
solle sich endlich zusammenreissen und tun, was er
sage, sonst würde er hochkommen und ihn mit Gewalt
vom Turm stossen. Und weil Hermann immer noch
nicht reagierte, begann er die Treppe des Turms hoch-
zusteigen. Plötzlich sah Hermann von den Gardero-
ben her eine Mädchenturnklasse Richtung Sprung-
turm laufen. Da drehte er sich um, und während der
Schreiadler wutschnaubend die Treppe hochstieg,
rannte Hermann bis zum Dreimeterbrett hinunter

und sprang. Das Wasser war wirklich kalt, aber Hermann hatte nur eins im Sinn – er schwamm mit zwei, drei Zügen zum Beckenrand und stieg eilig aus dem Wasser. Während er an den verdutzten Mädchen vorbei in Richtung Garderobe rannte, sah er aus den Augenwinkeln heraus noch den *Schreiadler* von der Dreimeterplattform mit den Armen fuchteln und etwas schreien. Selten hatte Hermann so gern die Tür der Umkleidekabine hinter sich geschlossen.

Und hier sass er nun wieder, Jahre später. Es kam ihm plötzlich vor, als habe sich der Vorfall erst gestern ereignet. Hermann W. zog sich langsam an, und da er Peter noch immer reden hörte, legte er sich auf die Holzbank, stopfte sein unbenutztes Handtuch unter den Kopf und sah an die Decke des Gebäudes. Monique fiel ihm ein und dass er unbedingt mal Kontakt mit ihr aufnehmen müsste. Mit diesen Gedanken schlief er ein.

Lautes Gepolter an die Tür seiner Kabine weckte ihn zwei Stunden später. Er öffnete und sah den Bademeister vor sich stehen. «Hier wird nicht übernachtet!», sagte dieser, als Hermann an ihm vorbei auf die Liegewiese trat. Die Sonne war schon hinter den Bäumen verschwunden, und die meisten Badegäste waren bereits gegangen. Auch Peter und Claudia. Hermann brummte eine Entschuldigung und verliess das Schwimmbad.

Als er an der Haltestelle auf seinen Bus wartete, schien es ihm, als höre er in der Ferne den *Schreiadler* rufen. Aber wahrscheinlich hatte er sich geirrt, sicher sogar, denn der *Schreiadler* war schon seit Jahren tot, wie ihm jetzt – und das war ihm etwas peinlich – mit Schadenfreude einfiel.

Der Pfau

Hermann W. hatte Mühe, abends wach zu bleiben.

Diese Tatsache machte ihm eigentlich keine Probleme, wenn er alleine zuhause war und fernsah. Was ihm mehr Mühe bereitete, war, dass er manchmal auch im Sitzen einschlief, eine Eigenschaft, die Hermann W. eines Abends in besondere Verlegenheit bringen sollte.

Seine Mutter hatte ihm kürzlich ein Inserat zugeschoben, das sie für ihn aus der Tageszeitung herausgerissen hatte. «Entspannung durch Autogenes Training» hatte der Titel gelautet. Hermann hatte wie immer protestiert, wenn sie ihn mit einem Vorschlag wie diesem überfiel, was in letzter Zeit leider immer häufiger vorkam. «Du brauchst dir nicht dauernd darüber Gedanken zu machen, wie ich mein Leben organisiere!», hatte er gesagt und beigefügt, er wisse selbst am besten, was ihm guttue, worauf seine Mutter beleidigt und ziemlich laut geantwortet hatte: «Dann tu es doch endlich!» Sie hatte nicht gesagt, was sie damit meinte, aber er hatte es natürlich gewusst und war wütend aus dem Zimmer gelaufen.

Im Bus bereute er jedoch seine Überreaktion, und er nahm das Inserat, welches er zerknüllt und in seine Manteltasche gesteckt hatte, hervor, glättete es und las: *Autogenes Training – stärkt Ihre Gesundheit und Ihr Selbstvertrauen. Durch Autogenes Training kann das Leben gelassener und befreiter angegangen werden.*

Das war vielleicht übertrieben und motivierte ihn auch nicht besonders, obwohl er zugeben musste, dass ihm etwas mehr Selbstvertrauen eigentlich nicht schaden konnte. Aber was ihn dann doch ansprach, war der gross und schräg über das Inserat gedruckte Satz: *Nie mehr müde dank tiefem Entspannungszustand!* Er war nämlich sehr oft müde, und das nervte ihn manchmal, denn er glaubte, genug, wenn nicht gar zu viel zu schlafen. Dieses Gefühl hatte er besonders dann, wenn er sich mit Arbeitskollegen verglich, die Nächte durchfeiern konnten, ohne sich am nächsten Tag etwas anmerken zu lassen. Als Hermann W. zu Hause ankam, klemmte er das Inserat mit einem Magneten an die Kühlschranktür und vergass es.

Aber zwei Wochen später kam es ihm wieder in den Sinn, als er eines Abends von seinem allwöchentlichen Ornithologietreff zurückkehrte. Er war zur Belustigung seiner Kollegen während eines Vortrags eingenickt, hatte dann plötzlich ganz laut geschnarcht und war selbst davon erwacht. «Welcher Nachtvogel singt denn da?», hatte der Vortragende beleidigt gefragt, und jemand hatte gerufen: «Das ist das Hermännchen!», womit er ein erneutes allgemeines Gelächter provozierte.

So kam es, dass sich Hermann W. doch noch für den Kurs *Autogenes Training* anmeldete, obwohl dieser schon begonnen hatte.

Und wieder betrat er die Klubschule, auch diesmal mit gemischten Gefühlen, weil er doch hier vor einigen Monaten eine so peinliche Situation erlebt hatte. Seine Bedenken verflüchtigten sich, als er vom Kursleiter, der sich als Thomas vorstellte, schon beim Eingang nett empfangen und zum Kursraum geführt wurde. Unterwegs hatte er noch ganz kurz Monique, seine ehemalige Französischlehrerin, erblickt, denn sie war vor ihm die Treppen hinaufgeeilt und in einem Klassenzimmer verschwunden. Sie trug wieder einen schwarzen Rock und den Kaschmirpullover, und er hatte gemerkt, dass sie ihm immer noch gefiel.

Im Kursraum sassen acht Frauen auf Matten, die im Kreis ausgelegt waren. «So, das ist Hermann, unser neuer Kursteilnehmer», sagte Thomas, «aber bevor sich Hermann zu uns gesellt, muss er noch ein Fläschchen wählen.» Und er zeigte auf einen Tisch, wo ein Dutzend kleine Fläschchen, gefüllt mit verschiedenfarbigen Flüssigkeiten, standen. Hermann verstand nicht, was das mit autogenem Training zu tun hatte. Dazu kam, dass ihm keine dieser Farben gefiel. Sie waren ihm alle zu süss, und so zeigte er unwillig auf das Fläschchen, welches mit einer wasserklaren Flüssigkeit gefüllt war. Da rief der Kursleiter ganz laut und aufgeregt: «Ich hab's gewusst, ich hab's gewusst! Was hab ich euch gesagt, alle unsicheren Menschen wählen dieses Fläschchen!», und gleichzeitig schwenkte er triumphierend das Fläschchen mit der durchsichtigen Flüssigkeit vor den Frauen hin und her. Hermann W. fragte sich, wieso er eigentlich immer wieder an solchen Kursen teilnahm. Er hätte auch diesen am liebsten sofort verlassen, aber nachdem sich Thomas wieder beruhigt hatte, war Entspannung angesagt, und dafür war Hermann ja schliesslich gekommen. Man legte sich auf die einladend weichen Matten, und der Kursleiter erklärte, er wolle sie nun auf eine Fantasiereise begleiten. Sie mussten ihre Augen schliessen und zuhören. Zuerst erzählte er etwas von «Chakras» und dass sie diese jetzt gemeinsam öffnen würden. Nachdem sie das getan hatten, Hermann sehr widerwillig, denn er hielt nicht viel von Esoterik, beschrieb Thomas mit ruhiger und warmer Stimme einen wunderschönen Garten, in dem wunderschöne Pfauen herumstolzierten und ab und zu ein Rad schlugen, einen Bach, der durch diesen wunderschönen Garten führte, und eine Brücke, über die gerade ein… Aber da war Hermann schon eingeschlafen und hatte einen Traum: Über die Brücke kam ihm eine Person entgegen, die sich als Monique herausstellte. Sie nahm ihn an der Hand und führte ihn zu einem Strand, wo sie sich niederliessen und nebeneinander am Meer der untergehenden Sonne zusahen. Die Wellen umspülten ihre nackten Füsse, und vom Horizont her flog ein Schwarm grosser Vögel auf sie zu, und Hermann erkannte, dass es alles Pfauen waren.

Er hatte noch nie Pfauen fliegen sehen, und er wollte Monique darauf aufmerksam machen, als er plötzlich zu seinem Schrecken bemerkte, dass die Pfauen immer durchsichtiger wurden und verschwanden… Da erwachte er und sah in neun fremde Gesichter: Der ganze Kurs stand um seine Matte herum und sah auf ihn hinunter. «So, Hermann, zuhören habe ich gesagt!», meinte jetzt Thomas. «Schlafen können Sie dann zuhause wieder. Sie haben unsere wunderschöne gemeinsame Reise zum Mann mit dem weissen Bart verpasst.» Und die Kursteilnehmerinnen sahen ihn vorwurfsvoll an, nickten und schwiegen. Hermann aber stand auf und sagte: «Ich glaube, das ist nichts für mich, gute Nacht.»

Dann verliess er zum Erstaunen aller den Raum. Der Kursleiter, zuerst sprachlos, rief ihm nach: «Machen Sie wenigstens noch Ihre Chakras zu!» Hermann jedoch liess sie offen, und es war ihm wohl dabei. Dass er den «Mann mit dem weissen Bart» nicht gesehen hatte, störte ihn überhaupt nicht, und er wusste auch, warum.

Eines aber musste er dem Kurs doch lassen: Er war in Rekordzeit selbstsicherer und befreiter geworden, wenigstens hatte er das Gefühl, und das freute ihn dann doch.

Der Kranich

Der Kranich

Hermann W. hatte Angst vor dem Fliegen.

Nicht unbedingt zu seiner Freude hatte Hermann einen Wettbewerb gewonnen, den eine bekannte Vogelzeitschrift ausgeschrieben hatte. Seine Kollegen aus dem Verein hatten ihm gratuliert, und man beneidete ihn etwas: zwei Nächte in einem der besten Hotels von Wien, dazu noch ein Ausflug an den Neusiedlersee und ein Flug in der ersten Klasse. Er hatte den Preis nicht abschlagen können, so gern er dies auch getan hätte. Denn obwohl er sich sehr für Vögel und den Vogelflug interessierte, war er nicht unbedingt der Ansicht, dass der Mensch sich auch in die Lüfte schwingen sollte, ja, gerade weil ihn dieses Thema fesselte, wusste er, dass Fliegen eine diffizile Angelegenheit war. Als Kind schon hatte ihn die Erzählung von Dädalus und Ikarus unheimlich fasziniert, und eine Zeichnung, auf der Ikarus zu sehen war, der gerade abstürzte, hatte ihn sehr beeindruckt und geprägt. Um es kurz zu sagen – Hermann hatte Angst vor dem Fliegen. Lieber wäre er mit dem Zug gefahren, obwohl er die Geschichte im Schlafwagen noch nicht vergessen hatte, aber gewonnen ist gewonnen – es blieb ihm nichts anderes übrig.

Als er am Tag vor dem Abflug noch kurz seine Mutter im Altersheim besuchte, um sich zu verabschieden, hatte diese eine leicht spöttische Bemerkung über

seine Flugangst gemacht: «Soll das ein Abschiedsbe-
such sein, bevor du abstürzt?» Er hatte sich darüber
geärgert, noch mehr aber hatte ihn aufgeregt, dass es
ihn immer noch aufregte, wenn seine Mutter ihn
wegen seiner Schwächen hänselte – sie kannte alle und
hatte ihn deswegen seit seiner Kindheit gefoppt. Er
wusste, dass er in seinem Alter doch darüberstehen
sollte, wie man so schön sagt, aber er stand bei weitem
noch nicht darüber und war ziemlich verstimmt mit
dem Bus wieder nach Hause gefahren. Seine Mutter
hatte ihm auch noch von ihrem letzten Besuch in
Wien erzählt, der aber schon einige Jahrzehnte
zurücklag, und ihn davor gewarnt, im Prater ins Riesenrad zu steigen, mit seiner Höhenangst würde ihm
das nicht bekommen… «Schon gut, Mutter, hack nur
wieder auf mir herum!», hatte Hermann W. gesagt
und war gegangen. Die Tür hatte er heftiger zuge-
macht als sonst.

An den Start seiner Maschine konnte er sich nicht
mehr erinnern – starr vor Angst hatte er an seinem
Platz gesessen und gehofft, dass die Tabletten, die er
gegen Flugangst genommen hatte, Wirkung zeigen
würden. Das taten sie auch, denn als er in Wien gelan-
det war, musste er zugeben, dass der Flug doch recht
angenehm gewesen war, besonders weil man die
Passagiere kulinarisch sehr verwöhnt hatte – er hatte
zum Essen eine kleine Flasche Rotwein getrunken,
und auch die hübschen Hostessen hatten ihm gefallen.

Das Hotel war noch eleganter, als er es sich vorgestellt hatte, und er fühlte sich nicht unwohl, als er nach einem eindrücklichen Abendessen noch in der Bar sass und sich einen Cognac genehmigte. Später, in seinem grossen Hotelbett liegend, dachte er noch kurz an seine Zebrafinken, die an diesem Abend niemand zudecken würde, an die Hostessen, an Monique und vielleicht auch an seine Mutter und schlief ein.

Die folgenden Tage waren zu Hermanns Erstaunen rasch verstrichen. Der Ausflug zum Neusiedlersee mit seiner riesigen Vielfalt an Vogelarten hatte ihm am besten gefallen. Aber auch von Wien hatte er einiges gesehen, und natürlich war er im Prater gewesen, wo er doch ins Riesenrad gestiegen war – obwohl seine Mutter recht gehabt hatte – , er hatte kaum hinunterschauen können, und schlecht war ihm auch noch geworden, aber am eindrücklichsten war es unter dem Stephansdom gewesen. Dort lagerte man Berge von Knochen von aufgehobenen Friedhöfen, und die Aufschrift am Eingang der Gruft hatte Hermann nicht vergessen: *Was ihr seid, waren wir, was wir sind, werdet ihr!* Das wollte Hermann aber noch nicht, und deshalb bestieg er mit sehr gemischten Gefühlen das Flugzeug, welches ihn wieder nach Hause bringen sollte. Er hatte diesmal einen Platz am Fenster. Sein rechtes Knie zitterte vor Anspannung. Neben ihm hatte eine junge, elegante Frau Platz genommen, die gelangweilt in einer Bordzeitschrift blätterte und Hermann ab und zu mitleidig ansah. Er muss wohl ziemlich bleich gewirkt haben, denn die Frau fragte: «Geht's Ihnen nicht gut?» «Doch, doch...», antwortete Hermann, «aber Fliegen ist nicht mein Ding.» Jetzt setzte das Flugzeug zum Start an. Hermann starrte zum Fenster hinaus auf die an ihm vorbeisausende Landschaft. Da erblickte er plötzlich rechts vor dem Flugzeug einen grossen Vogel – es musste ein Kranich sein. Dieser setzte im selben Moment zum Flug an, als sie vorbeirasten, und geriet augenblicklich in den Sog des Triebwerks. Gebannt sah Hermann zu, wie aus diesem sofort Rauch entwich, mehr nicht, er hatte erwartet, dass er Federn fliegen sähe. Das abrupte Bremsen der Maschine nahm er erst wahr, als von einigen Passagieren aufgeregte und angsterfüllte Rufe zu vernehmen waren und ihn die junge Frau vor Schreck am Oberarm packte. «Sie brauchen keine Angst zu haben», sagte Hermann so laut, dass es die in der Nähe sitzenden Passagiere auch hören konnten, «es ist nur ein Vogel ins Triebwerk geraten.» Dies hatte Hermann so ruhig und bestimmt gesagt, dass es nicht nur seine Sitznachbarin, sondern auch ihn selbst erstaunt und beruhigt hatte.

Das Flugzeug war zum Gateway zurückgekehrt, und man war erst gegen Abend mit einigen Stunden Verspätung und einer Ersatzmaschine abgeflogen. Während der ganzen Zeit hatte er sich angeregt mit der jungen Frau über das Thema «Fliegen» unterhalten. Seine Leidenschaft für Vögel war wohl auch mit der Fähigkeit dieser Tiere zu erklären, sich hoch in den Lüften in grenzenloser Freiheit bewegen zu können.

Hermann W. war mit gemischten Gefühlen ausgestiegen. Die Frau hatte ihm ihre Telefonnummer
gegeben.

Gerne wäre er jetzt zu Monique gefahren, um ihr
von Wien und seinem abenteuerlichen Rückflug zu
erzählen, aber er wusste nicht einmal, wo sie wohnte.

Die Stockenten

Hermann W. wunderte sich öfter über andere, aber nur einmal über sich selbst.

Er hatte manchmal, wenn er an seinem Arbeitsplatz den Gesprächen seiner Kollegen zuhörte, das Gefühl, dass er nicht von diesem Planeten stamme, so unterschiedlich fand er sich und seine Art zu leben. Besonders fiel ihm dies jeweils am Montagmorgen auf, wenn sie von ihren Wochenenderlebnissen erzählten. Was hatte man da nicht alles unternommen. Der eine war Gleitschirm fliegen gegangen und fast mit einem «Idioten» kollidiert, der andere war «schnell» in Italien gewesen, um einen «echten Cappuccino» zu trinken, ein Dritter hatte den ganzen Sonntag mit seiner «neuen Freundin» im Bett verbracht, und alle hatten natürlich Freitag- und Samstagnacht an tollen Partys teilgenommen, die bis in den nächsten Morgen gedauert hatten.

Bei solchen Gesprächen hörte Hermann einfach zu. Was hätte er auch erzählen sollen? Dass er am Samstagabend seinen Zebrafinkenkäfig reinigte und dann noch bis Mitternacht an seinem Vogelartenverzeichnis arbeitete? Oder dass er am Sonntagmorgen einen Spaziergang machte und am Nachmittag seine Mutter im Altersheim besuchte? Das alles interessierte doch niemanden, und Hermann wurde auch nie nach seinen Sonntagsaktivitäten gefragt, denn alle nahmen an, und dies beunruhigte Hermann W. doch etwas, dass er ohnehin nichts Erzählenswertes erlebt habe. Und eigentlich hatten sie ja auch immer recht gehabt, mit einer Ausnahme allerdings.

Er war an einem Sonntagnachmittag zu seiner Mutter gefahren, obwohl er dazu eigentlich keine grosse Lust gehabt hatte. Wieder sass er im Bus und schaute zum Fenster hinaus, wo die Stadt an ihm vorbeizog, umhüllt von dickem Nebel, der schon tagelang in den Strassen lag und allen aufs Gemüt drückte. Wie gerne wäre er jetzt an der Sonne gewesen. Der Traum, in dem er und Monique am Strand gelegen hatten, kam ihm wieder in den Sinn. Er wollte gerade die Augen schliessen, um noch ein wenig weiterzuträumen, als er plötzlich im Nebel eine Gestalt erblickte, die seine Aufmerksamkeit auf sich zog. Es war ein alter Mann, der mit einem Rollator unterwegs war. Das Besondere aber war, dass dieser Mann nur einen Pyjama trug und dass Hermann ihn kannte.

Es war der «Brummli» aus dem Altersheim seiner Mutter. Man nannte ihn so, weil er ununterbrochen vor sich hinbrummte, von morgens früh bis abends spät. Manchmal wurde er lauter, und dann verstand man einige Worte: *Feuer, anzünden, Saukerl, abbrennen, Zündholz, Rauch, Mutter...*

Diesen «Brummli» also sah Hermann im Nebel durch die Stadt irren, und er wusste sofort, dass der Mann Hilfe brauchte, denn er war wahrscheinlich ohne Wissen des Heimpersonals unterwegs und sicherlich völlig überfordert. Hermann drückte den Halteknopf des Busses, und dieser hielt kurz darauf an. Er stieg schnell aus und rannte in die Richtung zurück, wo er den Mann gesehen hatte. Aber als er die Stelle erreichte, wo er ihn zuletzt erblickt hatte, war der Alte verschwunden. Er wollte nach ihm rufen, aber er wusste ja nicht einmal seinen Namen, und «Brummli» zu rufen traute er sich nicht, er hätte darauf wohl auch nicht reagiert.

Viele Menschen waren nicht mehr unterwegs. Man verkroch sich in seine Wohnung, um dem Nebel zu entgehen, der immer dichter wurde und sogar den nah gelegenen Fluss nur erahnen liess.

Plötzlich hörte Hermann Stockenten rufen. Das erstaunte ihn, denn um diese Zeit schliefen Stockenten schon. Aber dann verstand er plötzlich, weshalb die Stockenten schrien, und rannte Richtung Fluss und zu der Stelle, von wo er die Tiere gehört hatte. Da sah er schon, was er vermutet hatte: Während die Stockenten ans Ufer gekommen waren und dort nervös um ein Ding herumflatterten, welches Hermann schnell als einen Rollator identifizierte, stand unweit davon ein weissschwarz gestreiftes Etwas im Fluss und bewegte sich nicht.

Wasser war, wie bereits erwähnt, nicht Hermanns Element. Selbst Bootsfahrten waren ihm suspekt, und das Einzige, was Hermann an einem See oder Fluss reizte, war, an dessen Ufer zu sitzen und den Wasservögeln zuzusehen oder einfach die Ruhe zu geniessen.

Doch in dieser Situation blieb ihm nichts anderes übrig, als in den Fluss zu steigen und zu dem Mann zu waten. Als er schon ganz nah beim «Brummli» war und ihn ergreifen wollte, verlor dieser den Boden unter den Füssen und verschwand im Wasser. Hermann tauchte sofort nach, konnte ihn fassen und mit letzter Kraft ans Ufer schleppen, wo schon ein Passant auf sie aufmerksam geworden war und ihnen half.

Als er später eingewickelt in einem grossen, weissen Badetuch im Altersheim, wohin sie die Ambulanz gefahren hatte, auf der Schwesternstation sass und einen heissen Tee trank, wunderte sich Hermann über sich selbst: Dass er sich so kaltblütig verhalten würde, hätte er sich nicht zugetraut.

Das Wasser war kalt und dunkel gewesen, und es schauderte ihn, wenn er daran zurückdachte. Aber er hatte richtig reagiert und den Mann aus den Fluten gerettet. Darauf konnte er stolz sein, jedenfalls sagten ihm dies die Schwestern des Heims, denen er sein Erlebnis erzählt hatte. «Brummli» würde sicherlich auch bald wieder in der Cafeteria sitzen, rauchen und vor sich hin brummen.

Als er später ins Zimmer seiner Mutter trat und sie ihn erblickte, sagte sie: «So, hast du eine neue Frisur? Die gefällt mir aber gar nicht.»

Hermann wusste nicht, ob man ihr schon von seinem Erlebnis erzählt hatte, und er sagte: «Ja, ich habe gerade gebadet.» «Ich hab davon gehört», antwortete seine Mutter, «hoffentlich erkältest du dich nicht!»

Mehr sagte sie nicht, aber ihr Blick verriet Hermann, dass sie mit ihm zufrieden war, und was ihn besonders freute, war, dass sie diesmal ihr Lieblingsthema nicht anschnitt.

Tags darauf betrat Hermann W. sein Büro und wäre bereit gewesen, den Kollegen die Geschichte zu erzählen, aber da ihn niemand danach fragte, was er am Wochenende erlebt habe, liess er es sein.

Der Höckerschwan

Der Höckerschwan

Hermann W. dachte nicht gerne an seine Schulzeit zurück.

Fünfzehn Jahre sind eine lange Zeit, und so lange war es her, seit Hermann sein Abitur gemacht hatte. In dieser Zeitspanne liess sich vieles vergessen, und Hermann hätte auch gerne vieles vergessen, aber er wusste, dass unter der Kruste des Verdrängens, und diese hatte sich in den letzten Jahren zum Glück gebildet, noch sehr viele unverarbeitete Erinnerungen lagen, die ihm, wenn er sie wieder hervorholen würde, noch etliche schlaflose Nächte verursachen würden. Und an diesen war er nicht interessiert.

Umso mehr beunruhigte ihn deshalb ein Brief zweier ehemaliger Klassenkollegen, die es wieder an der Zeit fanden, eine Klassenzusammenkunft zu organisieren, und dies auch taten: Ort und Datum des Treffens lagen bei. Es war das zweite Treffen dieser Art, beim ersten vor etwa zehn Jahren hatte Hermann eine einigermassen glaubhafte Ausrede gefunden, um nicht daran teilnehmen zu müssen, und auch jetzt war er auf der Suche nach einer solchen. Aber noch bevor er eine fand, erhielt er einen überraschenden Anruf. Es war Sabina, eine ehemalige Klassenkollegin, die ihn zu seinem Erstaunen fragte, ob er nicht auch an die Zusammenkunft gehe, und ihn davon überzeugte, dass sie nur dann teilnehme, wenn auch er zusage.

Sabina, er erinnerte sich wieder an sie, den *Höcker-schwan*. Schon damals hatte er die Menschen mit Vögeln verglichen: Sein Deutschlehrer war der *Wendehals* gewesen, seine Mathematiklehrerin ein *Gimpel*, «scheu, aber dank des eindeutigen Farbmusters unverkennbar», und sein Zeichenlehrer der *Bienenfresser*, «atemberaubend gefärbt und mit einzigartiger Körperform».

Selbst Klassenkameraden und -kameradinnen hatte er nach Vögeln taxiert. Sabina zum Beispiel war für ihn der *Höckerschwan* gewesen, weil ihre Nase einen leichten Höcker hatte, was ihn aber nicht davon abhielt, während seiner ganzen Gymnasialzeit für sie zu schwärmen. Sie hatte sich jedoch nie für ihn interessiert.

So betrat er also eines Abends mit sehr gemischten Gefühlen das Restaurant, in dem die Klassenzusammenkunft stattfand, und erblickte als Erstes ausgerechnet die *Elster* (deren richtiger Name fiel ihm gar nicht mehr ein). Diesen Mitschüler hatte er schon immer verabscheut, denn die *Elster* hatte ihm öfter ungefragt die eine oder andere Hausaufgabe abgeschrieben oder sein Etui geplündert und, was das Schlimmste gewesen war, sich andauernd über sein Interesse für die Ornithologie lustig gemacht.

Die *Elster* schien ihn noch nicht gesehen zu haben, und Hermann wollte gerade das Weite suchen, als er eine Frauenstimme hörte, die seinen Namen rief. Er drehte sich um und sah in das hübsche Gesicht einer jungen Frau – es war dasjenige des *Höcker-schwans*. Sie hatte tatsächlich immer noch diese markante Nase.

Hermann und Sabina setzten sich an einen Tisch, und in der darauf folgenden Stunde liessen sie alle nostalgischen Reden, Fotos und Albernheiten, die von den Organisatoren über die vergangene Schulzeit dargeboten wurden, über sich ergehen. Danach plauderten Sabina und er noch lange zusammen, und so wusste Hermann bald alles über sie und ihre Familie, ihren Mann, ihre zwei Töchter usw. Aber was ihn am meisten erstaunte, war, dass sie ihm beichtete, dass sie während ihrer gemeinsamen Schulzeit eine Zeitlang für ihn geschwärmt habe. «Weshalb hast du mir das nicht gesagt?», fragte Hermann fast erschrocken. «Ich dachte, du interessierst dich ohnehin nicht für Mädchen», antwortete sie. Er hätte ihr jetzt seine stille langjährige Verliebtheit gestehen können, aber er tat es nicht. Es würde ja erstens nichts bringen, und zweitens schämte er sich deswegen ein wenig. Aber gefallen tat sie ihm immer noch, das hatte er inzwischen gemerkt.

Gegen Ende des Abends passierte aber dann doch noch etwas Unangenehmes. Die Elster setzte sich, schon ziemlich angetrunken, zu ihnen an den Tisch und mischte sich lauthals in ihr Gespräch ein: «Du bist doch der Vogelspinner», sagte er zu Hermann. Dieser blickte verlegen zu Sabina, nicht wissend, wie er reagieren solle. Aber da wandte sich die *Elster* an Sabina und grölte: «Na, hoffentlich kann er auch vögeln!» Im Restaurant wurde es einen Moment lang ruhig.

Hermann war dies alles sehr peinlich, und er schwieg. Aber Sabina schrie wütend «Idiot!», stand auf, und sie setzten sich an einen anderen Tisch. Kurz darauf war allgemeiner Aufbruch, und Hermann verabschiedete sich von Sabina.

Als er dann später in seinem Bett lag und die Klassenzusammenkunft noch einmal Revue passieren liess, freute es ihn doch, dass der *Höckerschwan* auch einmal Gefühle für ihn gezeigt hatte. Ganz so ohne konnte er also nicht gewesen sein, und das gab ihm etwas Selbstvertrauen, besonders, wenn er an Monique dachte.

Was ihn aber beunruhigte, war die Tatsache, dass er vergessen hatte, seine Zebrafinken zuzudecken. Das war ihm noch nie passiert, und mit einem Kopfschütteln stand er deshalb noch mal auf.

Die Schmarotzerraubmöwe

Die Schmarotzerraubmöwe

Hermann W. war noch nie richtig eifersüchtig gewesen.

Er war eines Sonntags ins Zimmer seiner Mutter getreten und hatte auf ihrem Bett eine, wie es ihm schien, hastig hingeschriebene Nachricht vorgefunden: *Bin mit Vico ausgeflogen!* Das hatte ihn schockiert. Erstens, weil seine Mutter in den letzten drei Jahren, seit sie im Altersheim wohnte, stets in ihrem Zimmer war, wenn er sie besuchte, zweitens, weil er keinen Vico kannte, und schon gar nicht im Zusammenhang mit seiner Mutter, und drittens – und das machte ihm besonders Mühe –, weil sie das Wort *ausgeflogen* benutzt hatte.

Zugegeben, er war da konservativ, das wusste er, aber er war nun mal der Ansicht, dass es im Leben Aktivitäten gab, für die man entweder zu jung, alt genug oder zu alt war. Und dass seine Mutter zu alt war, um mit irgendeinem Vico auszufliegen, das stand für ihn definitiv fest. Hätte sie *spazieren gegangen* oder *in der Apotheke* geschrieben, hätte er das noch akzeptieren können, aber *ausgeflogen!*

Hermann W. stellte die Blumen, die er mitgebracht hatte, in eine Vase, setzte sich auf das verwaiste Bett seiner Mutter und überlegte. Wahrscheinlich war Vico irgendein Neueintritt im Altersheim, vermutlich noch relativ rüstig. Wahrscheinlich hatte dieser Vico nach dem Tod seiner Frau noch eine Zeit lang alleine in seinem schmucken Einfamilienhäuschen gelebt, hatte dann aber gemerkt, dass man in einem Altersheim bequemer leben konnte, und so liess er es sich hier also wohl ergehen – und erst noch als Hahn im Korb. Was Hermann aber am meisten beunruhigte, war, dass dieser Vico womöglich noch ein gut gepflegtes altes Auto hatte, einen schwarzen Citroën oder Mercedes aus den Sechzigerjahren, mit dem er jetzt seine Mutter herumkutschierte, und diese würde neben ihm sitzen, nicht angeschnallt natürlich, und Vico bewundern. Er stand auf, ging zum Fenster und sah auf die Strasse hinunter. Vermutlich würde sie ihm dauernd aus ihrem Leben erzählen, von seinem verstorbenen Vater und besonders von ihm, Hermann, dass er noch nicht verheiratet sei, ja, nicht einmal eine Freundin habe, dass er sich immer nur mit Ornithologie beschäftige, dass…

Er drehte sich verärgert vom Fenster weg und sah sich im Zimmer um. Vielleicht würde ihm irgendetwas mehr Auskunft über diesen Vico geben, ein Foto auf dem Nachttischchen, ein neues Parfümfläschchen oder sogar ein Liebesbrief, aber er konnte nichts entdecken.

War Vico überhaupt noch ein sicherer Autofahrer? Hermann hatte nichts gegen alte Leute, aber, wie gesagt, von einem gewissen Alter an sollte man bestimmte Sachen lieber bleiben lassen, so zum Beispiel auch das Autofahren. Und noch etwas anderes war ihm eingefallen: Was, wenn dieser Vico ein Erbschleicher war? Man las doch ab und zu von irgendwelchen Typen, die sich darauf spezialisiert hatten, sich mit alten Frauen anzufreunden, um sich so einen Teil der Erbschaft zu sichern.

Plötzlich kam ihm ein Vogel in den Sinn, die «Schmarotzerraubmöwe», und das beunruhigte Hermann erst recht und veranlasste ihn, sofort in den zweiten Stock hinunterzugehen und in der Schwesternstation nachzufragen, ob jemand etwas über diesen Vico wisse.

In diesem Stock lagen die Pflegefälle, und Hermann ging nicht gerne dorthin. Manchmal standen Türen offen, und man hörte Stöhnen oder sah bis auf die Knochen abgemagerte Menschen in ihren viel zu grossen, weissen Betten liegen und apathisch an die Decke starren. Schwester Silvia, die gerade Dienst hatte, kam ihm zum Glück entgegen, als er aus dem Lift stieg. Sie wusste aber auch nicht, wer dieser Vico war, jedenfalls hiess kein Heiminsasse so.

Hermann machte sich jetzt ernsthaft Sorgen um seine Mutter, und mit dieser «Schmarotzerraubmöwe», wie er Vico jetzt nannte, musste er dann doch Klartext reden, sobald sie hier auftauchen würde.

Als Hermann wieder das Zimmer seiner Mutter betrat, lag diese auf ihrem Bett und las die Zeitung. Sie sah auf und sagte: «Wo bist du gewesen? Ich sah deine Blumen.» «Das würde ich dich auch gerne fragen», antwortete Hermann gereizt und musste sich zusammennehmen, damit er nicht laut wurde. «Wer ist dieser Vico, und was soll das heissen: *ausgeflogen?*» Er zeigte auf den Zettel, der jetzt auf dem Nachttisch lag. Seine Mutter sah ihn forschend an: «Du bist doch nicht etwa eifersüchtig?» «Sicher nicht!» Hermann hatte lauter geantwortet, als er es eigentlich vorgehabt hatte, und deshalb sagte seine Mutter: «Männli, mach mir nichts vor, du bist auf Vico eifersüchtig.» Hermann W. hasste es, wenn seine Mutter ihn «Männli» nannte, denn so hatte sie ihn oft als Kind genannt, und er wollte nicht daran erinnert werden. «Sag mir jetzt bitte, wer dieser Vico ist und wo ihr gewesen seid!» «Du gönnst mir wohl keine Abwechslung?» «Doch Mutter, aber es geht um deine Sicherheit. In deinem Alter sollte man sich etwas zurücknehmen.» «Darüber liesse sich diskutieren», antwortete seine Mutter, «jedenfalls sollte man sich in deinem Alter nicht zurücknehmen!» Womit sie wieder bei dem heiklen Thema waren, worüber sie so oft stritten, und wütend erwiderte Hermann: «Du steigst mir aber auf keinen Fall mehr in das Auto dieses Schmarotzers.» «Was redest du da für einen Quatsch!» Hermann hatte seine Mutter selten so empört gesehen. «Vico hat gar kein Auto, im Gegenteil, er ist schon seit Jahren auf seinen Rollstuhl angewiesen. Ich habe ihn vorhin im hinteren Garten herumgefahren. Auf dem Kies ist das gar nicht so einfach. Übrigens heisst Vico eigentlich Franz. Ich nenne ihn nur so, weil er mich an Vico Torriani erinnert. So, jetzt ist hoffentlich alles klar, Männli!»

Als Hermann etwas später im Bus sass, schämte er sich noch immer für sein dummes Verhalten. Aber seine Mutter hatte wahrscheinlich recht gehabt, er war eifersüchtig gewesen. Dabei könnte er doch eigentlich froh sein, wenn sie auch noch zu anderen Menschen eine Beziehung hatte. So musste er von nun an nicht immer ein schlechtes Gewissen haben, wenn er sie mal an einem Sonntag nicht besuchte. Sie konnte ja jetzt jederzeit mit Vico spazieren gehen.

Zuhause angekommen holte er sein grosses Vogellexikon hervor und schlug die «Schmarotzerraubmöwe» nach.

Der Vogel sah nicht besonders sympathisch aus. Hermann war sicher, dass Vico ein netter Mensch war, und es war ihm nicht besonders wohl beim Gedanken, dass er ihn mit diesem Vogel verglichen hatte. Vico würde wohl eher einer Taube gleichen, davon war er überzeugt, und er seufzte erleichtert auf.

Der Schwarzstorch

Hermann W. glaubte nicht an Zufälle.

Er war nicht der Typ, der an Horoskope, an das Schicksal oder an den Zufall glaubte, sondern er sah sich als sehr rationalen Menschen, der das Leben gerne selbst in die Hand nimmt, auch wenn er wusste, dass dies nicht immer Erfolg brachte, ja, dass er sogar Mühe damit hatte. Eines Tages aber liessen einige Ereignisse Hermanns Theorien und Vorstellungen vom Leben ziemlich fraglich erscheinen.

Er war unterwegs zu seinem Vereinslokal, wo Weiterbildung angesagt war. Im Speziellen sollte vom Schwarzstorch die Rede sein, welcher vom Aussterben bedroht war. Hermann W. hatte noch nie einen Schwarzstorch in Freiheit beobachtet. Umso grösser war sein Erstaunen gewesen, dass er ausgerechnet bei dieser Fahrt vom Bus aus einen Schwarzstorch auf einem Baum am Strassenrand hatte sitzen sehen. Er hatte keine Zeit gehabt, über diesen seltsamen Zufall nachzudenken, denn er hatte sofort den Halteknopf gedrückt, und nachdem der Bus angehalten hatte, war er zu der Stelle geeilt, an der er den Vogel erblickt hatte. Aber der war leider nicht mehr dort gewesen. Enttäuscht machte er sich nun zu Fuss auf den Weg ins Kurslokal. Als er an einen Fussgängerstreifen kam, liess er einige Autos passieren. Eigentlich wollte er sie gar nicht vorbeifahren lassen, aber es war ihm schon öfter aufgefallen, dass die Autofahrer bei ihm weniger schnell anhielten als bei anderen Menschen, und so trat er schliesslich ungeduldig auf die Strasse. Ein Auto musste recht brüsk anhalten, und während Hermann den Fussgängerstreifen überquerte, hörte er die quietschenden Reifen eines weiteren Autos und dann das dumpfe Geräusch von zusammenprallendem Blech. Doch er schaute nicht zurück, sondern lief, als ob nichts geschehen sei, weiter.

«Das ist nicht mein Problem», dachte er, «sollen die doch genügend Abstand wahren, und abgesehen davon bin ich zeitlich knapp dran.» Vielleicht war das feig gewesen, aber er war nicht daran interessiert, in einen Streit hineingezogen zu werden, dessen Beginn er noch aus der Ferne vernahm: Zwei Männer schrien aufeinander ein. Durch das Geräusch der Karambolage erschreckt, war weiter vorne eine Frau stehen geblieben und hatte zurückgeschaut. Hermann erkannte sie sofort: Es war Monique. Er hatte noch oft an sie gedacht, aber er hatte sie, ausser damals in der Klubschule, nie mehr gesehen, und sie anzurufen hatte er sich nicht getraut.

Hermann eilte auf sie zu. Sie begrüssten sich freudig, und ihm schien, als sei Monique dabei leicht errötet. Da nutzte er die Gelegenheit und lud sie endlich ein. Hermann war erstaunt, wie schnell sie sich für den späteren Abend in einer Bar verabredeten.

Als er sein Kurslokal betrat, waren alle ausser dem Kursleiter schon anwesend. Dieser kam erst eine halbe

Stunde später, weil, wie er aufgebracht erklärte, irgendein Idiot unverhofft auf den Fussgängerstreifen getreten sei und er deshalb das anhaltende Auto vor ihm gerammt habe. Hermann W. glaubte nicht an Zufälle, aber er musste sich jetzt doch eingestehen, dass er langsam Verständnis für die Menschen hatte, die daran glaubten.

Während des ganzen Kurses konnte er sich nicht sonderlich gut konzentrieren, ja, es schien ihm, als interessiere ihn der Schwarzstorch gar nicht mehr so besonders, was ihn etwas erstaunte, aber gleichzeitig konnte er den Grund dafür nicht verleugnen: Dieser hiess Monique. Wenn er an sie dachte, hatte er ein gutes Gefühl, obwohl er schon so oft von und wegen Frauen enttäuscht worden war. Gerade die peinliche Situation mit Monique nach der Französischstunde war ihm noch in allzu guter Erinnerung, aber jetzt tat er etwas, was ihn noch lange danach beschäftigen sollte: Er fing an zu lachen. Die Situation damals mit ihm und Monique am Boden war wirklich komisch gewesen.

Dass er laut gelacht hatte, merkte er aber erst, als ihn der Kursleiter und die anderen Kursteilnehmer vorwurfsvoll anschauten. Hermann W. erschrak und nahm sich zusammen. Um von seiner Unkonzentriertheit abzulenken, erzählte er von seiner Begegnung mit dem Schwarzstorch, was allgemein interessierte, und er wurde deshalb von allen nach Details ausgefragt. Er selbst aber vergass dies alles spätestens dann, als er nach dem Kurs mit Monique in der Bar sass. Sie diskutierten über Zufall und Schicksal. Das war ein Thema, welches Frauen interessierte, das hatte er inzwischen gemerkt, besonders, wenn man zusammen in einer Bar sass. Er erzählte auch über seine Begegnung mit dem Schwarzstorch. Dann erinnerten sie sich an Hermanns kleinen Versprecher nach dem Französischkurs und zusammen lachten sie darüber, und Monique sagte: «Hermann, so gefällst du mir viel besser. Du kannst ja über dich selbst lachen.»

Danach sahen sie sich schweigend an, und es war ausgerechnet Monique, die das Gespräch wieder auf das Thema «Zufall» lenkte, denn sie sagte: «Ohne den Vogel und dein Interesse dafür wärst du nicht früher ausgestiegen…», und Hermann ergänzte: «Ja, und ohne meinen Kursleiter, der zu wenig schnell reagiert hat und deshalb in das Auto vor ihm geknallt ist, wärst du nicht stehen geblieben, hättest dich nicht umgedreht, und ich hätte dich nicht erkannt und eingeholt.» Monique wiederum sagte: «Aber wenn du mich dann nicht in diese Bar eingeladen hättest, würden wir hier nicht so gemütlich zusammensitzen, und das ist kein Zufall!» Hermann antwortete: «Ja, da hast du auch wieder recht.»

Und als sie, sehr viel später, vor Moniques Haustüre standen, schaute Monique Hermann an, lächelte und flüsterte: «So, jetzt kannst du deinen französischen Satz noch mal sagen.»

Was Hermann W. dann auch tat.